Secretos
MÁS ALLÁ DE LA MUERTE

Dwight Hall

Remnant Publications, Inc.
Coldwater, MI

Fotos de portada por
Brandx Pictures and Stockbyte

Diseño de portada por
David Berthiaume

Traducción por
Ángel Mario Avilés
Lesley M. de Orellanna
Débora Eldred-Solá

Secretos Más Allá de la Muerte
Edición Publicada en el 2005

ISBN 1-883012-39-2

¿ESTÁ BUSCANDO?

Respuestas Fidedignas y Sentido Común a sus Preguntas Urgentes

- ☑ *¿Puede obtener paz verdadera en un mundo de caos y violencia?*
- ☑ *¿Cómo puede obtener salud de por vida?*
- ☑ *¿Qué sucede realmente después de su muerte?*
- ☑ *¿Cómo puede tener mejores relaciones con su familia y amigos?*
- ☑ *¿Puede conocer y comprender el futuro?*

*C*on todo el crimen, violencia e inseguridad económica, ¿está buscando la verdad que le dará paz duradera? Puede encontrar las respuestas a estas y otras questiones vitales inscribiéndose a nuestro GRATUITO Curso de Estudio Bíblico.

Estas lecciones reveladoras y estimulantes le darán las respuestas directas que millones han usado para mejorar sus vidas – sin sermonear.

Y aun mejor, no le será dicho qué es lo que la Biblia dice acerca de la vida después de la muerte, el infierno, y las profecías, sino que le será *mostrado* con docenas de versículos que le ayudarán a comprender la Biblia por sí mismo. ¡Descubrirá herramientas fiables para tomar mejores decisiones hoy y crear un mejor futuro para usted y su familia el día de mañana!

- -

¿Quiere respuestas?

¡Sí! Por favor envíeme, sin coste alguno, las primeras dos lecciones.

Nombre _____

Dirección _____

Ciudad _____ Estado _____ Código Postal _____

Envíe a:

Bible Correspondence Course   O   **Inscríbase en el**
P.O. Box 426   **Internet dirigiéndose a**:
Coldwater, MI 49036   www.remnantpublications.com

SBGS

Prefacio

Compartir la verdad no es, o al menos no debe ser, para hacer dinero, pero para ayudar a las personas a reconocer aquellas cosas que son importantes en la vida. Simplemente, significa renunciar a un estilo de vida basado en beneficio egoísta y aceptar uno basado en cambiar mentes y vidas, *sin importar el precio final.*

Vivimos en un tiempo en el que este tipo de filosofía es difícil de practicar. No sólo es la verdad abandonada por la fantasía, pero a menudo si algo no resulta en una ganancia, es echado a un lado y considerado sin valor. Además, la innovación cuesta dinero y tiempo que las personas interesadas en compartir las verdades bíblicas no tienen usualmente; sin embargo si no innovamos, nos quedamos atrás y no alcanzamos a suficientes personas.

Francamente, yo quiero ser innovador al compartir la verdad, lo cual es el propósito de este libro. El interés por lo paranormal y sobrenatural está explotando en todas las formas posibles —desde la televisión, libros, películas de Hollywood, a redes psíquicas y mucho más. Con la cultura *pop* (popular) así como muchas religiones liberales enfocadas en el más allá o la vida después de la muerte, me resulta difícil comprender cómo el ocupado padre, madre, o niño tiene tiempo para detenerse a buscar la verdad en su pureza.

Cuando mi sobrinita Katie falleció, yo necesitaba esta verdad. Estaba confundido, y vi cómo esta misma confusión hería a otros. La mayoría ve la verdad respecto a la vida futura como algo que puede esperar hasta el momento de su propia muerte. Pero este no es del todo el caso; según la Biblia, el saber qué es lo que sucede cuando uno muere es casi tan importante como saber cómo se debe vivir.

Así que me convencí de que debía encontrar la manera de enseñar a personas confundidas y a las almas curiosas lo que Dios realmente dice sobre el mundo de los espíritus. Mi objetivo es la divulgación de lo que aprendí después de años de estudio, usando ideas innovadoras que alcenzen al lector ocupado de hoy. Consulté buenos escritores y adopté las ideas de expertos para facilitar innovación . . . dio resultado.

Comprendí que la verdad en detalle ya ha sido dicha elocuentemente por alguien más. En lugar reinventar la rueda, decidí que el mejor método sería darle a Ud. la misma lente de visión penetrante que la iglesia cristiana tenía hace sólo unos cien años. Este libro presenta el comentario de una de las escritoras más prolíficas y respetadas que el mundo haya conocido — E.G. White, cuyos clásicos *El Conflicto de los Siglos* y *Patriarcas y Profetas* son la base de este proyecto literario. ¡Vaya innovación!

A pesar de todo, el desafío real no era presentar información y reforzarla con nuevas evidencias o nuevas interpretaciones de las Escrituras, sino más bien ser capaz de decir algo bastante viejo y fundamental de una manera única para que la gente tan ocupada de hoy pueda asimilar rápidamente. Así que mi parte en este libro es simplemente la de acompañarle mientras le proporciono información bíblicamente correcta y de gran valor. Esta información, aunque posiblemente nueva para Ud., ha existido desde el princio.

Básicamente he unido fuerzas con mi autora favorita para compartir con Ud. la verdad bíblica acerca de lo que sucede cuando morimos de una manera que pueda digerir sin emplear horas de tiempo que usted no tiene. Los momentos que invierta en este viaje serán valiosos. Es un viaje que le sorprenderá . . . no sólo porque aprenderá probablemente algo nuevo, pero aún mejor, porque aprenderá algo que cambiará su vida, le dará maravillosa alegría, y lo preparará para el futuro.

El costo de compartir la verdad puede ser brutal, pero estoy listo para sacrificar y lograr ese fin. El costo que no puedo aceptar es el fracaso. Estoy dispuesto a perder dinero y el respeto de mis amigos al poner hechos bíblicos en las manos de personas comunes. Si este libro gana un millón de dólares pero no cambia una sola vida, entonces he malgastado recursos. Si con esta verdad se cambia la vida de muchas personas, pero pierdo dinero, verá una sonrisa en mi cara hasta mi muerte.

Cómo leer este libro

La mayor parte de este libro son capítulos adaptados procedentes de *El Conflicto de los Siglos* y *Patriarcas y Profetas*. Adicionalmente he contribuido información suplemental. Consequentemente, he estructurado el texto procedente de E.G. White en forma diferente a mis contribuciones. Por ejemplo, mis palabras aparecerán como las palabras en esta página, mientras que sus comentarios adaptados aparecerán con el siguiente tipo de letra:

Según las palabras del profeta Isaías, "¡A la ley y al testimonio!: Si no dijeren conforme a esto, es porque no existe ninguna luz en ellos" (Isaías 8:20).

Finalmente, después que termine este libro, le recomiendo profundamente que descubra las dos fuentes originales de este libro, *El Conflicto de los Siglos* y *Patriarcas y Profetas*, sé que recibirá una bendición al leerlo. Llame al 800-423-1319 o al 517-279-1304 para conseguir sus copias o visítenos a *www.remnantpublications.com*

Con esto, está listo para descubrir increíbles secretos más allá de la muerte. Le espera aventura asombrosa y Dios le bendecirá en su viaje a la búsqueda de la verdad.

Dwight Hall
Presidente de Remnant Publications

Reconocimientos

Como con la mayor parte de los libros, tomó un equipo entero de profesionales dedicados —y no sólo un escritor— para hacer posible lo que tiene en sus manos en tan corto tiempo. Aunque mi nombre está en la cubierta como el autor, sería terriblemente negligente si no reconociera a ésos que trabajaron con mi misma pasión para ver este esfuerzo terminado hasta el final.

Por lo tanto, el agradecimiento es para:

Mi sobrina, Katie, por la inspiración para escribir este libro, y a sus padres Gary y Heidi, y su hermana Kelsie, por su valentía.

Mi trabajador e incansable personal en Remnant Publications, que trabajó muchas horas con asombrosa energía para realizar un milagro moderno.

Mi buen amigo Jonathan Gibbs, por ayudarme en preparar el proyecto desde el principio, y lo más importante, por compartir conmigo la convicción acerca del poder de la imprenta para hacer que la verdad pura se extienda a través de la gran circulación.

A Cari Haus y Anthony Lester, por sus escritos combinados y versada edición e ideas, afinando mis notas crudas y aclarándolas para convertirlas en escrituros concisos que tienen el poder de transformar vidas.

A David Berthiaume y Penny Hall, por su creativa aportación, diseñando y trabajando en la portada.

A mi hermano Dan Hall, por el formato de la copia hasta el momento de ser impreso, observándolo cuidadosamente hasta tarde.

A mi esposa, hijos y nieto, por la inspiración para hacer lo que es correcto e importante en la vida.

Finalmente, debo ofrecer mi gratitud más profunda por la base de este libro, los escritos fieles a la Biblia de E.G. White, especialmente por su clásico *El Conflicto de los Siglos*. Sus obras cambiaron mi vida y continúan siendo el combustible de mi pasión para compartir verdades bíblicas con cuantas personas me sea posible.

Y más importante, le agradezco a Dios y Su palabra, la fuente de toda la verdad y esperanza en este mundo.

Contenido

1

La Crisis

"¿DWIGHT, estás allí?", imploró la voz temblorosa de Linda en la máquina contestadora del teléfono. "¡Oh Dios, por favor permite que esté allí!"

Yo me estaba adormeciendo en una siesta cuando el teléfono comenzó a sonar. Aun en ese estado entre despierto y dormido, tardé unos momentos hasta que la voz desesperada de Linda me despertase de mi letargo.

—Linda, es Dwight. —¿Qué sucede?

—¡Katie fue golpeada por un automóvil! —La madre de mi esposa habló sofocada. —No se ve bien. —¿Puedes encontrarnos en la sala de emergencia?

"Ya voy para allá", le aseguré rápidamente. Ahora completamente despierto, corrí de prisa a casa para decirle a mi esposa Deb lo que le había sucedido a nuestra sobrina. Ambos horrorizados, nos vestimos con ropa más apropiada, bajamos las escaleras y casi nos caemos subiéndonos al automóvil.

En el viaje de media milla hacia la salida de nuestro terreno rogamos seriamente que Katie estuviera bien. Las visiones de ese pequeño y dulce montoncito de energía con pelo rubio y largo hasta los hombros y sus traviesos ojos azules centellearon de prisa en mi mente. ¿Cómo podremos prescindir de su parlanchina y brillante forma de ser? Rápidamente traté de no continuar alimentando el pensamiento de tal posibilidad. Sabía que Katie era propensa a accidentes habiéndose roto unos cuantos huesos anteriormente. Pero estaba seguro de que estaría bien. Tenía que estarlo.

A Katie le gustaba mucho montar su pequeña motocicleta. Y como hacía a menudo los Sábados en la tarde, tiraba con fuerza la moto enlodada fuera del garaje y hacía que su papi la ayudara a encenderla.

Entonces Katie se ponía su casco, lo apretaba fijamente, y se subía a bordo —emocionada por el paseo que tendría en ese bello día veraniego.

Tal como ella haría docenas, o hasta cientos de veces antes, Katie comenzaba su trote y pronto sentía el calor tibio de la brisa contra su cara mientras la motocicleta iniciaba el movimiento. Mientras ella pilotaba ese día, sus padres trabajaban en el jardín, confiando que su pequeña niña obedecería las reglas de seguridad.

Pero entonces lo que pareció sólo unos breves instantes, una camioneta golpeó su costado, arrojando su cuerpo y moto a través del aire hasta caer sobre el pavimento ardiente.

Al escuchar el choque, los padres de Katie supieron inmediatamente que algo estaba terriblemente mal. Con sonidos del accidente todavía produciendo eco en sus oídos, corrieron a través del jardín para ver a su pequeña niña.

Para su gran horror, encontraron el cuerpo roto de Katie solo en la carretera, sosteniéndose en vida con gran dificultad.

Los neumáticos de nuestro automóvil apenas chillaron al parar en la entrada del hospital cuando Deb saltó fuera del carro y se apresuró a entrar. Rápidamente busqué un lugar donde estacionar, pero pronto noté a Deb corriendo hacia mí a través del parking, moviendo frenéticamente sus brazos de un lado a otro.

"¡No están aquí! Un helicóptero está trasladando a Katie a la unidad de traumatología en Kalamazoo." —explicó mientras saltó de vuelta en el automóvil. Mientras corríamos a la casa de los padres de Katie, continuaba pensando en cuan mal se veía la situación. Si tuvieron que enviar Katie a un hospital más grande y mejor equipado, no le podía estar yendo bien.

Nunca olvidaré la escena en la casa de Gary y Heidi. Las imágenes todavía corren rápido en mi mente con espantosa claridad. El área entera que rodea la casa de mi cuñada estaba en completa conmoción, con luces de ambulancia centelleando y policías dirigiendo el tráfico. Afuera en un espacio claro, un helicóptero había descendido. Como puede imaginarse, esta era una experiencia difícil de creer que fuera real.

Cuando explicamos quienes éramos, la policía rápidamente nos dejó pasar. Estacionamos el automóvil, nos dirigimos hacia Wendell, el padre de Deb. Su cara estaba cubierta de desconcierto, pesar y tensión.

—¿Wendell, qué sucedió?

Mientras Wendell contaba lentamente los detalles del trágico accidente, yo gemía. Una de las piernas de Katie había sido aplastada. Cuando su padre la encontró, ella no estaba respirando siquiera. Durante incontables minutos hasta que la ayuda lleguase, Gary tuvo que dar respiración boca a boca para resucitarla. Durante esos momentos, Katie colgaba en el precipicio entre la vida y la muerte.

Lo próximo que vi fue del helicóptero que llevaba a mi sobrina levantándose de la tierra hacia el hospital en Kalamazoo. Todavía en un estado de asombro, Gary y Heidi se montaron en nuestro Ford para la larga y agonizante hora de viaje hacia el hospital. Aún cuando Deb y yo tratamos de tranquilizarles, la preocupación por la seguridad de mis propios hijos frecuentaba mis pensamientos.

Cuando finalmente llegamos, un capellán nos estaba esperando. Poco después nos acomodó en una sala de espera pequeña y un médico entró en la habitación.

—Tengo noticias buenas y noticias malas, —nos dijo. Las buenas noticias eran que las palpitaciones del corazón de Katie eran normales. Las noticias malas eran que Katie no era capaz de respirar por sí misma.

—Necesito hacer más pruebas, —explicó el médico. —Algo está ocurriendo y simplemente no sabemos lo que es.

Nos aliviamos al escuchar que el corazón de Katie estaba latiendo, luchando por vivir. El hecho de que aún estuviese con vida nos dio esperanza.

No pasó mucho tiempo antes de que el capellán nos moviera a otra habitación. Era una sala más cómoda y silenciosa, donde no había nadie alrededor. Supe entonces que esto significaba que algo iba muy mal.

Mientras Gary y Heidi todavía sostenían la esperanza, el médico entró y con las lágrimas en sus ojos confirmó nuestros peores miedos.

—No lo logró.

Luego supimos que la médula espinal de Katie había sido separada instantáneamente por el impacto. Ésta era la causa por la cual Katie no podía respirar por su propia cuenta. Técnicamente muerta, aún recibía el soporte artificial para mantenerla viva cuando entramos en la unidad de cuidados intensivos. No pude dejar de pensar lo bella y tranquila que se veía aún en esas condiciones, sus mejillas todavía rebosaban de color. Me partió el corazón.

El recuerdo que nos ha quedado es todavía bastante duro de aceptar. Mientras escribo esta historia, una parte de mí todavía se hace a la esperanza de que esto es sólo un mal sueño y que de algún modo, Katie todavía vive. Por supuesto, sé la realidad. El fallecimiento de Katie nos recuerda que la vida es realmente preciosa y maravillosa, y que nos sentimos devastados cuando se va de nosotros.

Mi corazón todavía duele por esa belleza de nueve años y la angustia que el resto de su familia amorosa sufrió durante esta terrible pérdida, especialmente Kelsie, la hermana mayor de Katie. Kelsie es callada, perceptiva y pensativa, y no puedo imaginar cómo una niña de 12 años pueda asimilar esta situación. El día trágico de la pérdida de Katie todavía pasa lentamente por el ojo de mi mente, y ser parte de esta tragedia me ha impulsado a una mayor reexaminación de mi vida.

Usted tal vez pueda relacionarse con nuestra tragedia familiar. Si ha vivido mucho tiempo, es probable que haya perdido un buen amigo o un miembro familiar. Tal vez usted, como yo, esté todavía aferrándose a una cierta medida de esperanza. Sabe que su amado está ausente, sin embargo en lo más profundo no quiere aceptarlo.

Ven, Razonemos Juntos

En la superficie, la historia trágica en este capítulo está llena de imágenes horrendas que naturalmente crean una montaña de emociones. Así que es natural que se pregunte, "¿Quién puede pensar razonablemente cuando se confronta con una crisis como esta?"

Sin embargo es cuando nos enfrentamos a este enemigo humano (la muerte) que el pensamiento razonable más se necesita. Si deseamos respuestas a nuestras preguntas sobre la muerte, entonces deberíamos estudiar. Para superar la confusión y la desesperación de la muerte, debemos usar el sentido común y mirarla tan objetiva y humanamente posible.

El tema de lo que sucede cuando una persona muere es importante, digno de cuidadoso estudio. Mientras que la muerte nunca es un tema fácil o divertido para discutir, hay mucho por ganar. Por propia experiencia, sé que mientras usted explora lo que sucede a los seres que mueren, a donde van, y lo que están sintiendo ahora; hallará un sentido de paz que nunca ha descubierto antes.

Si desea embarcarse en un viaje que cambiará su vida y desea tener una comprensión basada de la Biblia, manténgase explorando las páginas de este libro —continúe leyendo.

Pensamiento Final

En este mundo suceden cosas terribles que no podemos explicar. A veces nos amargamos y cerramos nuestros corazones a aquellas cosas que podrían ayudarnos a comprender y entender mejor. Sin embargo, si nos abrimos con fe y esperanza a la verdad, encontraremos paz.

2

Preguntas de Vida y Muerte

NO HAY nada tan trágico como hacer planes fúnebres para su propio hijo. Es un dolor que sólo un mundo lleno de maldad puede conocer. Como dice el dicho en Inglés, "ningún padre debería enterrar a su hijo." Puede que sea una frase muy popular, pero sin embargo es verdaderamente cierta.

He sido testigo de padres sacudidos por el dolor —escogiendo el ataúd, comprando el lote de terreno y firmando un contrato. Todo para que puedan enterrar a su amado. Esto es lo más parecido a una tortura, y sin importar desde que ángulo lo viva, el proceso no tiene sentido.

Sin embargo, tan extraño como pareció el hacer los arreglos, la ironía de dejar a un niño descansar en paz no fue lo que me impresionó más. Lo que realmente me tocó fue que, a pesar de que nuestra cultura trata a la muerte como un misterio de interminable incertidumbre, todos creen que saben exactamente lo que sucede cuando uno muere. Este fue ciertamente el caso con Katie.

"Todos sus problemas se han acabado", eran algunas de las palabras bien intencionadas que escuchamos. "Katie está en el cielo con Jesús." En el funeral de Katie, el pastor la tenía arriba en la gloria, jugando en un columpio, mirándonos desde arriba y pasando un buen rato.

Naturalmente comprendo que las palabras del pastor fueron de ánimo para muchos corazones, especialmente en presencia de una tragedia tan terrible. Sin embargo, no podía dejar de pensar "¿Cómo Katie puede estar tan maravillosamente contenta en la gloria mirándonos desde arriba, cuando nosotros estamos tan increíblemente tristes?" Mientras que ésta podría parecer una extraña forma de razonar, usted podría imaginarse cómo funciona la mente cuando una persona está bajo semejante estado de dolor: la mente trabaja tan rápido que los pensamientos van por todas partes.

Mientras más lo analizaba, este pensamiento me dejaba perplejo. Si Katie realmente estaba mirándonos desde el cielo, como decía el pastor,

¿cómo podría ella estar tan llena de gozo cuando sus padres estaban con el corazón roto? Katie amaba a sus padres demasiado para que esto fuese así. Me parecía que de la única manera en la cual Katie podría estar tan alegre mientras sus padres estaban tan tristes era únicamente si Dios borrase parte de su memoria. Entonces tal vez ella no sabría que estas personas que estaba observando eran sus familiares y amigos. Claro que esta línea de pensamiento trajo preguntas adicionales. Si vamos al cielo inmediatamente después que morimos, ¿olvidamos entonces quienes somos? Mientras que ésta parece ser la única manera en la cual estaríamos tan llenos de felicidad cuando nuestros amados están envueltos en dolor, ¿por qué entonces nos molestamos en tomarnos tiempo en la gloria para observar a personas que ni siquiera conocemos? Por otra parte, si conservamos nuestras memorias e identidades cuando vamos al cielo, ¿qué tendría que hacer Jesús para distraernos o divertirnos cuando hay personas amadas que están llorando sobre nuestro ataud?

Sin embargo el pastor de Katie parecía sugerir que Katie todavía era Katie, y que ella sabía quien era y quienes éramos nosotros, y que estaba pasando un momento maravilloso. Esto simplemente no tenía sentido para mí, sin embargo, mientras más escuchaba sus comentarios y el de otros, más preguntas me hacía.

Otra persona sugirió que Katie ahora estaba con su abuela jugando con ella en el cielo y mirando hacia nosotros. En ese momento no podía comprender como podrían estar remotamente alegres en la gloria mientras veían a sus amados sufriendo, no sólo en ese momento, sino en el futuro.

El momento más impactante para mí fue cuando me detuve al lado del féretro de Katie mirándola por última vez. "¿Si ahora estás en el cielo" —me pregunté, "porqué estás aquí todavía?"

¿Se ha detenido alguna vez a considerar cuán confusos son muchos de nuestros comentarios y creencias acerca de la muerte — sin importar cuan bien intencionados? Si alguna vez lo ha considerado, ¿qué piensa al respecto ahora? ¿Tiene sentido realmente? Me parece difícil creer ser el único que alguna vez se haya planteado cómo es posible que nuestros seres queridos puedan estar viviendo tan gozosamente en la gloria mientras sus familiares y amigos están desconsolados y sufriendo en la tierra.

Si sus amigos y familiares están en el más allá mirándolo, ¿qué pensarían si lo ven a usted comportándose mal? Sólo el pensarlo puede ser algo enervante. La idea de que alguien en el cielo puede llegar a conocernos mucho mejor de lo que pudieron habernos conocido en la tierra es realmente un concepto no muy placentero. Incluso si usted no tuviera nada que esconder, ¡hay algunas áreas en su vida que usted preferiría mantener privadas!

En el funeral de Katie, la declaración de que ella estaba en el cielo, me puso a pensar en otros que han tenido un final más desafortunado. Si ellos no van al cielo, ¿entonces van directo al infierno? Yo no sé si usted, pero nunca he estado en un funeral donde el pastor ni aun remotamente sugiere que la persona se ha ido al infierno.

Esto en sí mismo parece extraño, porque una gran cantidad de predicadores no son nada tímidos al decir que las personas que cometen ciertos pecados irán al infierno cuando mueren. "Este o el otro grupo se quemarán en el lago de fuego eterno", predican. Sin embargo cuando esa clase de personas mueren, nunca he escuchado en el funeral que tales personas se estén quemando. Los pastores rutinariamente sugieren que las personas están en la gloria aun cuando la persona que murió no vivió una vida cristiana. "Están en un lugar mejor ahora", explican.

Mientras que en las iglesias se enseña que hay una gloria que ganar y un infierno que evitar, en los funerales siempre parece que sólo hay gloria. Esto trae una nueva pregunta: Si la primera parada después de la muerte es la gloria, a pesar de cómo una persona ha vivido, ¿transfiere Dios a ciertas personas del cielo al infierno en una fecha posterior? ¿Y si lo hace, cómo lo sabríamos?

Inmediatamente después del funeral de Katie, alguien envió un mensaje para sus apesadumbrados padres y preguntó si deseaban saber más sobre la nueva vida de Katie en la gloria. Esta persona pretendía tener acceso a cierto tipo de comunicación directa con Katie, un paranormal recibiendo mensajes directamente desde arriba.

Mientras que la simple insinuación de esta persona me incomodaba, la idea me inquietó aún más. Entonces me pregunté: ¿Si las personas en la gloria pueden hablar con uno, pueden entonces los residentes del infierno marcar nuestro número también? ¿Hay acaso una regla creíble para quien puede y quien no puede visitarnos desde la sepultura? ¿Cómo podemos saber si esta médium estaba realmente hablando con Katie? ¿Quería dinero por sus servicios? ¿Cómo podríamos saber si sus intenciones eran puras? Ni siquiera la conocíamos.

¿Si un amigo mío muere y comienza a hablarme, cómo podría estar seguro que me hablaba desde el cielo? ¿Debería creer cualquier cosa que diga? La Biblia dice que aún el diablo puede hacerse pasar por ángel de luz (2 Corintios 11:14). ¿Si podemos ser visitados por personas de ambos lugares, el cielo y el infierno, no podrían los del infierno tentarnos a hacer cosas malas tanto como los del cielo alentarnos a hacer el bien? Finalmente, ¿cómo podemos saber si alguien se ha ido a la gloria o al infierno? Y ¿qué derecho tenemos para hacer algún comentario al respecto?, especialmente si a menudo no conocemos todos los hechos. Por ejemplo, si un padre que ha abusado secretamente a sus hijos fallece, ¿desearían ellos escuchar que él les está mirando desde arriba todo el tiempo, esperando lo mejor para sus vidas?

¿Ve usted los problemas relacionados con las creencias populares acerca de lo que sucede cuando una persona muere? ¿Tiene sentido lo que digo? Sin duda, tiene que existir cierta explicación razonable. Deseo conocer esa verdad, aún si la verdad fuera que "no sucede nada" después de la muerte. Al menos no tendría que preocuparme sobre el asunto. Cuando escuchara las diferentes opiniones e ideas, ya tendría los hechos. Después de todo, ¿quién quiere sentirse confundido cada vez que uno atiende un funeral? ¿Quién quiere que estas preguntas lo acosen y desconcierten mientras se siente desconsolado?

Necesito respuestas y las necesito pronto, pero ¿a dónde podría dirigirme? ¿Cómo podría saber la verdad de de lo que le sucedió a la pequeña Katie?

Pensamiento Final

No importa por lo que pasemos o el dolor que tengamos que sentir, razonemos juntos. La Biblia nos dice que Dios no es el autor de la confusión; más bien, Él es el camino, la verdad, y la vida (Juan 14:6). Si lo buscamos a Él con todo nuestro corazón, le encontraremos y también encontraremos las respuestas a los rompecabezas más complejos de la vida (Jeremías 29:13).

3

¿A Dónde nos Vamos?

UNA MAÑANA me senté junto a dos amigos en la mesa para desayunar. Uno de ellos era una persona mañanera, el otro una persona nocturna. La "lechuza" había estado levantándose temprano seis días seguidos, y noté que estaba a punto de quedarse dormido en cualquier momento. En un momento dado en la conversación, frotando su cansados ojos, preguntó:

—¿Qué día es hoy?

—Martes. —Contesté. Entonces mi amigo sacudió su cansada cabeza con incredulidad.

—Me siento como si fuese miércoles.

—Me parece que hoy es martes. —Comentó alegremente mi otro amigo.

Esta conversación, aunque ordinaria, quedó grabada en mi mente. Ambos amigos, personas inteligentes, familiarizadas con el calendario semanal, habían afirmado en qué día les parecía estabamos. Uno sentía que era miércoles, y estaba equivocado. El otro sentía que era martes, y tenía razón.

Basado en esta pequeña historia, me parece no prudente depender de los sentimientos para determinar que día de la semana es. Necesitamos un punto de referencia que nos se base en la intuición o los sentimientos para ayudarnos a determinar si es martes, miércoles o algún otro día. El hecho de que usted desconfíe del dormilón y "sienta" que él no es de confiar no quiere decir que automáticamente el madrugador tenga la razón.

Me parece que la única manera de estar seguro del día de la semana es a través de la investigación de los hechos. Esto puede ser tan simple como hechar un vistazo a su reloj de pulsera, un calendario o el internet. En realidad, la única manera de averiguar cualquier cosa es la investigación.

Esa fue la actitud con la cual abordé la situación para aclarar la confusión sobre mi sobrina. Así es como los científicos tratan de responder sus preguntas, y me pareció la manera más lógica de abordar las preguntas que estaba reflexionando.

Muchas personas creen que sus sentimientos nunca están equivocados. De hecho, muchos dependen de esos sentimientos para tomar decisiones importantes. Pero como hemos visto, aún en el más trivial de los asuntos, los sentimientos pueden estar bastante equivocados y hasta confusos. Si alguien se *equivoca* sobre el día basándose en cómo se *siente*, ¿no podrían uno equivocarse también cuando dice, "siento como si Jane está sentada aquí junto a mí" o "siento como si nada pasara cuando morimos"?

¿Pudo haber estado el pastor equivocado sobre Katie? Mi mente desde luego jugó con esa posibilidad, aunque la mayoría de la gente creyó que lo que él dijo. No obstante, lo que él dijo podría ser la verdad. Sin embargo, el punto clave es: ¿cómo podría yo tener la certeza de conocer la verdad?

Han existido momentos en mi vida cuando he "sabido" que algo era tan seguro que no existía duda sobre ello. Sin embargo a la larga, cuando miré a los hechos, encontré que había estado absolutamente equivocado.

Este mismo principio ha estado trabajando en la vida de cada ser humano. Todos creemos algo. Yo creo algo y usted cree algo. Hasta los ateos creen algo. Pero si esas creencias son basadas meramente en rumores, sentimientos o la intuición, existe una posibilidad muy real que aún nuestras creencias más apreciadas sean erróneas.

Con esto en mente, es importante para nosotros considerar en qué basamos nuestras creencias. Considere lo siguiente: ¿En qué están basadas sus creencias sobre la muerte? ¿Las ha estudiado usted por sí mismo? ¿Si sus creencias están basadas en sentimientos, cómo puede determinar si su conjunto de creencias son correctas o equivocadas? ¿Cómo puede saber si sus sentimientos reflejan la realidad? Y si sus sentimientos discrepan con los sentimientos de otros, ¿Cómo puede saber cuales sentimientos están en lo cierto?

Nuestra guia principal será la Biblia, mas como se menciona en el prefacio, a lo largo de este libro vamos a extraer comentarios de una de las escritoras más influyentes y prolíficas del cristianismo. Su exposición sobre la verdad con respecto al mundo de los muertos y de los espíritus es la mejor fuente extra-bíblica que alguna vez haya encontrado. A fin de aclarar cuales pensamientos se han tomado de sus escritos y cuales son los míos propios, sus cometarios y los míos serán citados con diferente tipo de letra.

Para los cristianos, la mejor fuente de información para encontrar la verdad es la Biblia. En otras palabras, debemos sostener cada creencia que tenemos a la luz de la Palabra de Dios. Si nuestras creencias o sentimientos, sin importar cuan apreciados, discrepan con la Palabra de Dios es porque no existe ninguna luz en estos.

La Biblia Nuestra Salvaguardia

Según las palabras del profeta Isaías, "¡A la ley y al testimonio! Si sino hablaren conforme a esta palabra, son aquellos para quienes no ha amanecido." (Isaías 8:20, V.M.)

Satanás emplea cuantos medios puede para impedir que los hombres conozcan la Biblia, cuyo claro lenguaje revela sus engaños. Cada vez que existe avivamiento en la obra de Dios, el príncipe del mal actúa con mayor energía; en la actualidad está haciendo esfuerzos desesperados preparándose para la lucha final contra Cristo y sus discípulos.

El último gran engaño se presentará pronto ante nosotros. El Anticristo va a efectuar ante nuestra vista obras maravillosas. El engaño se asemejará tanto a la realidad, que será imposible distinguirlo sin el auxilio de las Santas Escrituras. Ellas son las que deben atestiguar a favor o en contra de toda declaración, de todo milagro.

Se les presentará oposición y serán objeto de burla y ridículo a todos los que traten de obedecer a todos los mandamientos de Dios. No podrán ellos subsistir sino en Dios. Para poder soportar la prueba que les espera deben comprender la voluntad de Dios tal y cual está revelada en su Palabra, pues no pueden honrarle sino en la medida del conocimiento que tengan de su carácter, gobierno y propósitos.

Sólo los que hayan fortalecido su espíritu con las verdades de la Biblia podrán resistir en el último gran conflicto. Toda alma ha de pasar por la prueba decisiva: ¿Obedeceré a Dios antes que a los hombres? La hora crítica se acerca. ¿Hemos asentado nuestros pies en la roca inmutable de la Palabra de Dios? (Vea Apocalipsis 14:12)

Cuando nos sentimos confundidos y no estamos seguros en qué creer, la Biblia puede aclarar las cosas e iluminar el camino. "Lámpara es a mis pies tu palabra, y lumbrera a mi camino." (Salmos 119:105)

Una Terrible Equivocación

En la crucifixión de Jesús, los discípulos de Cristo cometieron una terrible equivocación.

Antes de la crucifixión, el Salvador había prevenido a sus discípulos la forma en la que debía morir. Jesús les explicó cómo Él debía sufrir por los pecados de este mundo, y entonces ser resucitado de la tumba. Los ángeles de Dios habían sido enviados a impresionar éstos pensamientos en las mentes de los discípulos, para que ellos comprendieran y se fortalecieran durante los días difíciles que vendrían.

Sin embargo a pesar de la explicación clara que Jesús les había dado a los discípulos sobre los eventos terribles que acontecerían, los horrores de la crucifixión los tomó totalmente desprevenidos. Los discípulos estaban más interesados en la liberación política del yugo romano que en ver el sentido espiritual de Su reino. No podían tolerar la idea de que Aquel en quien todas sus esperanzas estaban centradas fuese a sufrir una muerte humillante.

Hizieron a un lado de su mente las palabras que necesitaban recordar y cuando llegó el tiempo de prueba los encontró sin la debida preparación. ¡La muerte de Jesús destruyó sus esperanzas igual que si no la hubiese predicho!

Historia Repetida

Desafortunadamente, es igual de fácil para nosotros cometer el mismo error hoy. Dios nos ha dicho muchas cosas importantes en la Biblia. Las profecías de la Biblia nos abren el futuro de la misma forma en que se lo abría a los discípulos con las palabras de Cristo. Sin embargo hay miles de personas que comprenden estas importantes verdades de modo tan incompleto como si nunca hubiesen sido reveladas. Esto es porque Satanás procura arrebatar toda impresión que podría llevar a los hombres por el camino de la salvación para que el tiempo de angustia los encuentre sin la debida preparación.

Jesús tuvo buena razón para llamar a Satanás "El padre de toda mentira" (Juan 8:44). Satanás es el enemigo de la verdad, empeñado en usar cada posible estratagema para impedirnos del conocimiento y comprensión de la Biblia. Para cada verdad bíblica, Satanás tiene una falsificación tan parecida a la verdad que es imposible distinguir entre ellas excepto a través de las Sagradas Escrituras.

Esta es la razón por la cual debemos llevar todas —hasta nuestras creencias más valiosas sobre la muerte— a la luz de la Palabra de Dios. Simplemente no podemos confiar en los sentimientos.

Si no somos cuidadosos, tendremos las mismas experiencias de incredulidad que los discípulos de Jesús tuvieron en su hora crítica. Está en nosotros el aprender de su ejemplo, de modo que no seamos engañados en la hora del cierre de la historia de esta tierra.

Ángeles Volando a Través del Cielo

En la Biblia, la palabra ángel significa "mensajero," o uno que es enviado de Dios (Lucas 1:19). Cuando Dios envía a los hombres avisos tan importantes que se representan como proclamados por santos ángeles que vuelan por el cielo (Apocalipsis 14), Él requiere que toda persona dotada de inteligencia les preste atención. Sin embargo la gran mayoría de las personas cierran los oídos a la verdad y prefieren las fábulas.

El apóstol Pablo refiriéndose a los últimos días dijo: "el tiempo vendrá cuando no soportarán la sana doctrina" (2 Timoteo 4:3). La mayoría de personas se niegan a recibir las verdades bíblicas porque éstas van contrarias a los deseos de los corazones pecaminosos y mundanos; y ¡Satanás les proporciona los engaños en que se complacen!

Pero Dios tendrá personas en la tierra que dependerán de la Biblia, y sólo la Biblia, como la regla de su vida y base para cada una de sus creencias. Hay cuatro agentes luchando para sustituir la Palabra de Dios en nuestras vidas:

- Las opiniones de los hombres eruditos
- Las deducciones de la ciencia
- Los credos y consejos de las iglesias
- La voz de la mayoría popular

Ninguna de estas ni en conjunto ni en parte, debe ser considerada como evidencia a favor o en contra de cualquier punto de fe religiosa. Al comprender que las opiniones de los hombres no son fidedignas como una base para la fe religiosa, los verdaderos seguidores de Dios requerirán un pleno "Así ha dicho el Señor" antes de adoptar cualquier nueva doctrina o precepto.

Sí, para los cristianos, la fuente correcta de la verdad es la Biblia. Sin la Biblia, todo el mundo puede venir y decirle lo que piensan, y usted no podría saber lo que es verdadero o falso. Considere lo siguiente: Si nosotros confiamos en lo que la Biblia tiene que decir acerca de Jesús,

¿no deberíamos depender también de ella en cuanto a lo que dice sobre otros temas importantes, como lo que sucede cuando morimos? Ya que hay tanto engaño en este mundo de tantas fuentes listas para llevarnos por mal camino, la Biblia debe ser la única fuente en la que confiemos.

Esto es la razón por la cual, en mi búsqueda por la verdad sobre Katie y otros que han fallecido, sabía que tenía que apegarme a la Biblia para encontrar respuestas. No podía depender en las opiniones de otras personas o sueños de la vida futura —sin importar el bello o persuasivo modo en el que se presenten.

La verdad está basada en los hechos, no en las emociones. No es miércoles porque lo sienta uno así; es miércoles porque el martes ya pasó y el jueves está por venir. Similarmente, mis creencias acerca de lo que le sucedió a Katie y a otros que ya "se han ido" deben estar basadas en los hechos, no en las emociones. Afortunadamente, Dios no nos ha dejado sin información. La Biblia tiene mucho que decir sobre ambos mundos, el de los espíritus y el de los muertos.

Si desea saber lo que la Biblia enseña acerca de donde están los que han fallecido y hacia donde van, le invito a continuar leyendo las páginas de este libro. Cuando comprendemos lo que Dios verdaderamente enseña, realmente tendremos una paz que "sobrepasa todo entendimiento" (Filipenses 4:7).

Pensamiento Final

No nos debemos perturbar cuando descubrimos que no tenemos la razón. Defenderse por defenderse no es sólo egocéntrico sino peligroso, especialmente cuando convencemos a otros de que tenemos la razón cuando realmente no la tenemos. Nuestra meta siempre debe ser encontrar la verdad sin importar lo que nuestros sentimientos nos estén gritando. Recuerde que la verdad siempre puede permitirse ser examinada.

4

Por qué Importa lo que Creemos sobre la Muerte

Si usted es un escéptico natural al igual que yo, le insto a que se mantenga leyendo por la siguiente razón: Ningún daño puede venir al escuchar toda la información concerniente a un tema. Esta información podría ayudarle a tomar una mejor decisión. Si usted no está seguro acerca de algo que ha leído continúe leyendo, los próximos párrafos podrían tener la respuesta. Haga lo que haga, continue leyendo. Reúna todos los datos antes de tomar una decisión y determinar qué es verdadero o falso.

"NO IMPORTA realmente lo que crees sobre la muerte," mi amigo me aseguró. "Mientras tus creencias sean de consuelo para tí y mis creencias sean de consuelo para mí, eso es lo que cuenta."

En la superficie, esta filosofía es bastante atractiva. Y ciertamente muy popular en este mundo del "vive y deja vivir." Después de todo, ¿por qué discutir sobre lo que le sucede a una persona cuando muere? Aun si lo que creo es bíblicamente incorrecto, ¿por qué tomarme la molestia de ir contra la corriente del pensamiento popular? Si mis creencias (sin importar cuan equivocadas sean) me traen cierta medida de consuelo en presencia de una gran pérdida, ¿por qué no disfrutar de un pensamiento alegre y dejar el tema tranquilo?

Éstas son ciertamente preguntas válidas que merecen contestarse mientras consideramos el interrogante de qué sucede cuando uno muere. Después de un cuidadoso estudio del tema veremos que lo que creemos sobre los muertos realmente importa.

La verdad y la gloria de Dios son inseparables, y nos es imposible honrar a Dios con opiniones erróneas cuando tenemos la Biblia a nuestro alcance. En realidad, deshonramos a Dios cuando tenemos en nuestros hogares el "libro guía para la vida", pero de algún modo no nos molestamos en aprender por nosotros mismos lo que dice. "No importa lo que usted cree", es la enseñanza popular de nuestros días. "Únicamente importa si su conducta es buena." Pero la vida es moldeada por la fe. Si teniendo la luz y la verdad a nuestro alcance, no procuramos conocerla, de hecho la rechazamos y preferimos las tinieblas a la luz.

"Hay camino que parece derecho al hombre pero su fin es de muerte" (Proverbios 16:25). La ignorancia no disculpa el error y el pecado, cuando se tiene toda oportunidad de conocer la voluntad de Dios.

Tomemos el caso de un hombre que estando de viaje llega a un punto de donde arrancan varios caminos en direcciones indicadas en un poste. Si no se fija en éste y escoge el camino que mejor le parezca, por sincero que sea, es más que probable que errará en el rumbo. Lo mismo sucede en el camino espiritual: El camino que usted escoge le llevará a una vía o a otra. Si ignora o descuida estudiar la verdad en la Palabra de Dios, la sinceridad no le salvará.

Nuestra Guía Personal

Dios nos dio el regalo de Su palabra de modo que nosotros podamos estar informados sobre Sus instrucciones y sepamos personalmente lo que Él exige de nosotros. Cuando el joven rico vino a Jesús con la pregunta, "¿Qué debo hacer para heredar la vida eterna?" Jesús lo refirió a las escrituras.

"¿Qué está escrito en la ley?" Fueron las palabras del Salvador. ¿Cómo es que lees? La ignorancia no excusará ni a jóvenes ni a viejos, ni los librará tampoco del castigo que corresponde a la infracción de la Ley de Dios, pues tienen a la mano una exposición fiel a dicha ley, de sus principios y de lo que ella exige del hombre.

No basta solo con tener buenas intenciones. Las intenciones buenas no le salvarán. Como dice el viejo dicho, "El camino al infierno está pavimentado con buenas intenciones."

Hacer lo que usted piensa que es correcto tampoco le salvará. Hacer lo que su pastor le dice que es correcto no es suficiente. ¡Su alma está en riesgo! Usted debe escudriñar las Escrituras por sí mismo. Por arraigadas que sean sus convicciones, por muy seguro que esté que su pastor sabe lo que es verdad, nada de esto debe servirle de fundamento religioso. En la Biblia, Dios le ha dado un mapa en el cuan van consignadas todas las indicaciones del camino para el cielo y no tiene por que hacer conjeturas.

El primero y más alto deber de toda criatura racional es el de escudriñar la verdad en las Sagradas Escrituras. Entonces debe entrar en la luz y exhortar a otros a seguir su ejemplo. Día tras día deberíamos estudiar diligentemente la Biblia, pesando cada pensamiento y comparando texto con texto. Con la ayuda de Dios, usted —no su pastor o profesor—, debe formarse sus propias opiniones ya que tendremos que responder a Dios por nosotros mismos. Cuán importante es entonces, lo que usted sabe de la Biblia, lo que cree y por qué lo cree.

Fortalecidos por la Palabra de Dios

Si usted descuida su estudio de la Biblia y la oración, se hace más susceptible a las tentaciones de Satanás. Muchas veces las tentaciones parecen irresistibles, y es porque se ha descuidado la oración y el estudio de la Biblia. Si la palabra de Dios no está guardada en su corazón, usted no podrá ser capaz de recordar los versos apropiados en la hora de necesidad.

Si usted ha sido instruido en el camino de Jesús desde niño, de seguro, usted puede saber que los ángeles celestiales le rodearán y, en su hora de necesidad, le ayudarán a recordar la verdad que usted necesita. "Porque vendrá el enemigo como río, mas el Espíritu de Jehová levantará bandera contra él" (Isaías 59:19).

Jesús prometió que "el Consolador, es decir, el Espíritu Santo, a quien –dijo– el Padre enviará en mi nombre," y agregó: "Él os enseñará las cosas, y os recordará todo cuanto os he dicho" (Juan 14:26, V.M.). Pero primero es preciso que las enseñanzas de Cristo hayan sido atesoradas en el entendimiento, si queremos que el Espíritu de Dios nos las recuerde en el momento de peligro. "En mi corazón he guardado tus palabras para no pecar contra ti" (Salmos 119:11).

Ahora Es el Tiempo

Vivimos en el período más solemne de la historia de este mundo. La suerte nuestra y la de muchos están por decidirse. Tanto nuestra dicha futura como la salvación de otras almas dependen de nuestra conducta actual. Necesitamos ser guiados por el Espíritu de la Verdad. Debemos preguntarnos seriamente: "¿Señor, qué quieres que haga?"

Necesitamos humillarnos ante el Señor, ayunar, orar y meditar mucho en su Palabra, especialmente acerca de las escenas del juicio. Debemos tratar de adquirir actualmente una experiencia profunda y viva en las cosas de Dios, sin perder un solo instante. A nuestro alrededor se están cumpliendo acontecimientos en el terreno encantado de Satanás.

Cuando llegue el tiempo de prueba, los que hayan seguido la Palabra de Dios como regla de conducta, serán dados a conocer. En verano no hay diferencia notable entre los árboles de hojas perennes y los que las pierden; pero cuando vienen los vientos de invierno los primeros permanecen verdes en tanto que los otros pierden su hojas.

Así puede también que no sea dado a distinguir actualmente a los falsos creyentes de los verdaderos cristianos, pero pronto llegará el tiempo en que la diferencia saltará a la vista. Dejad que la oposición se levante, que el fanatismo y la intolerancia vuelvan a empuñar el cetro, que el espíritu de persecución se encienda, y entonces los tibios e hipócritas vacilarán y abandonarán la fe; pero el verdadero cristiano permanecerá firme como una roca, con más fe y esperanza que en días de prosperidad.

"Bienaventurado es el hombre que haya la sabiduría" (Proverbios 3:13). "Él será como un árbol plantado junto a las aguas, que junto a la corriente echará sus raíces, y no verá cuando viene el calor, pero su hoja será verde; y en el año de sequía no se fatigará, ni dejar dar fruto" (Jeremías 17:8).

Pensamiento Final

Cualesquiera que sea lo que nos extravía de la Palabra de Dios, aunque sea sólo un poquito, eventualmente resultará en grandes problemas (créame, soy un experto en la materia). Aceptando el error más mínimo a menudo puede llevarnos a aceptar errores aun mayores que nos deslizarán cuesta abajo hacia la incredulidad.

Sin embargo, si aprendemos a confiar totalmente en Su Palabra, no importa cuánto se opongan otros, encontraremos una paz interior que ninguna tempestad podrá perturbar.

Considere esto: Si realmente no importa lo que uno cree sobre la muerte, ¿por qué se habría molestado Dios en mencionarlo en Su Palabra? Él pudo haber usado ese espacio para algo de más importancia a la larga. Las llaves de la vida se encuentran en la Biblia. En mi opinión, cualquier cosa que está en ella escrita es por una buena razón. ¿Qué piensa usted?

5

Cinco Pasos Para Comprender la Biblia

SE SOBREENTIENDE que antes de que podamos comprender lo que la Biblia dice sobre la muerte, debemos primero saber cómo estudiarla. No es que estudiar la Biblia sea tan difícil, pero existe una manera correcta e incorrecta de hacerlo. A continuación leerá cinco pasos que han sido muy importantes para mí cuando abro la Palabra de Dios para estudiar este importante tema:

Paso Nº 1: Empiece con el Espíritu de un Niño

La llave para comprender la Biblia es que la posición del estudiante sea dócil y sumisa como la de un niño. Deberíamos ejercitar en el estudio de las Santas Escrituras todas las fuerzas del entendimiento y procurar comprender, hasta donde nos sea posible, las profundas enseñanzas de Dios; Las dificultades bíblicas no pueden ser resueltas por los mismos métodos que se emplean cuando se trata de problemas filosóficos. No deberíamos ponernos a estudiar la Biblia con esa confianza en nosotros mismos con la cual tantos abordan los dominios de la ciencia, sino en el espíritu de oración y dependencia filial hacia Dios y con un deseo sincero de conocer su voluntad. Debemos acercarnos con espíritu humilde y dócil para obtener conocimiento del gran YO SOY. De lo contrario vendrán ángeles malos a oscurecer nuestras mentes y a endurecer nuestros corazones al punto que la verdad ya no nos impresionará.

Paso Nº 2: Manténgalo Simple

Las verdades que se encuentran explicadas con la mayor claridad en la Biblia han sido envueltas en dudas y oscuridad por hombres eruditos, que fingiendo tener gran sabiduría, enseñan que las Escrituras tienen un sentido místico, secreto y espiritual que es difícil de comprender. Estos hombres son falsos maestros. Fue a personas semejantes a quienes Jesús declaró: "No conocéis las Escrituras, ni el poder de Dios." (Marcos 12:24, V.M.)

Más de una porción de las Sagradas Escrituras que los eruditos declaran ser un misterio o que estiman de poca importancia, está llena de consuelo e instrucción para el que estudia en la escuela de Cristo. Una razón por la cual muchos teólogos tienen una comprensión oscura de la palabra para Dios es porque cierran sus ojos a las verdades que no desean practicar. Comprender la verdad de la Biblia no toma una Maestría en Divinidad. Lo que se necesita es sinceridad de propósitos y del ardiente anhelo de justicia que animan al estudiante.

El lenguaje de la Biblia debe explicarse de acuerdo con su significado manifiesto, a no ser que se trate de un símbolo o figura. Cristo prometió: "Si alguno quisiere hacer su voluntad [del Padre], conocerá de mi enseñanza, si es de Dios." (Juan 7:17, V.M.) Si los hombres quisieran tan sólo aceptar lo que la Biblia dice, y si no hubiera falsos maestros para engañar y confundir las mentes, se realizaría una obra que alegraría a los ángeles y que traería al rebaño de Cristo a miles y miles de almas actualmente sumidas en el error.

Paso № 3: Siempre Ore Primero

La Biblia nunca debe ser estudiada sin la oración. Sólo el Espíritu Santo puede ayudarnos a comprender la importancia de las cosas que son fácilmente comprendidas. El Espíritu Santo puede también evitar que distorsionemos verdades que son difíciles de comprender.

Hay santos ángeles que tienen la misión de influir en los corazones para que comprendan la Palabra de Dios, de modo que nos encante su belleza, sus advertencias nos amonesten y sus promesas nos animen y vigoricen. Deberíamos hacer nuestra la petición del salmista: "¡Abre mis ojos, para que yo vea las maravillas de tu ley!" (Salmo 119:18, V.M.)

Paso № 4: Destierre Pensamientos Escépticos

Si el cielo es su meta, póngase en guardia contra el escepticismo. Es casi imposible vivir en este mundo sin toparse con insinuaciones de duda, sarcasmos e infidelidad. Parece que Satanás sea un experto en la adaptación sus tentaciones a todas las clases. Asalta a los indoctos con una burla o una mirada de desprecio, mientras que se acerca a la gente instruida con objeciones científicas y razonamientos filosóficos propios para despertar desconfianza o desprecio hacia las Sagradas Escrituras.

Hasta los jóvenes de poca experiencia se atreven a insinuar dudas respecto a los principios fundamentales del cristianismo. Y esta incredulidad juvenil, por superficial que sea, no deja de ejercer su influencia. Muchos se dejan arrastrar así al punto de mofarse de la piedad de sus padres y desafían al Espíritu de gracia (Hebreos 10:29). Muchos cuya vida daba promesa de honrar a Dios y de beneficiar al mundo, se han marchitado bajo el soplo contaminado de la incredulidad. Todos los que fían en los dictámenes jactanciosos de la razón humana y se imaginan poder explicar los misterios divinos y llegar al conocimiento de la verdad sin el auxilio de la sabiduría de Dios, están presos en las redes de Satanás.

Paso № 5: Estudie los Temas por Sí Mismo

En la época de Jesús, los sacerdotes y los que regían ejercieron demasiada autoridad sobre la vida religiosa de las personas. Con mirada profética vio que la autoridad humana se encumbraría para dominar las conciencias en la forma que ha dado tan desgraciados resultados para la iglesia en todos los siglos.

Cuando Jesús dio sus terribles acusaciones contra los escribas y fariseos y sus amonestaciones al pueblo a que no siguiera a esos ciegos conductores fueron consignadas como advertencia para las generaciones futuras. Aun cuando la Reforma hizo las Escrituras accesibles a todos, este mismo principio sustentado por Roma es el que hoy impide a miles y miles en las iglesias protestantes que las estudien por sí mismos. Se les enseña a aceptar sus doctrinas tal cual las interpreta la iglesia; y hay millares de personas que no admiten nada, por evidente que sea su revelación en las Sagradas Escrituras, si resulta en oposición con su credo o con las enseñanzas adoptadas por sus respectivas iglesias.

La Biblia está llena de advertencias contra maestros falsos, sin embargo muchos parecen estar listos para comprometer la custodia de sus almas al clero. Hay actualmente millares de personas que profesan ser religiosas y que no pueden dar acerca de los puntos de su fe, otra razón que el hecho de que así les enseñaron sus directores espirituales. No se fijan casi en las enseñanzas del Salvador y creen en cambio ciegamente lo que los sacerdotes o pastores dicen.

¿Pero son los líderes religiosos infalibles? ¿Podemos confiar nuestra salvación en sus manos —a menos que hayamos examinado sus palabras contra la Palabra de Dios y sepamos que son portadores de la verdad? Muchos son los que, faltos de valor moral para apartarse del sendero trillado del mundo, siguen los pasos de los doctos; y debido a su aversión para investigar por sí mismos, se están enredando más y más en las cadenas del error.

Nosotros podemos ver que la verdad para el tiempo presente está claramente expuesta en la Biblia. Podemos sentir el poder del Espíritu Santo confirma su proclamación. Sin embargo de algún modo permitimos que las enseñanzas de hombres doctos nos alejen de la luz. Por muy convencidas que estén la razón y la conciencia, éstas almas en error no se atreven a pensar de otro modo que como los ministros, y sacrifican su juicio individual y sus intereses eternos al descreimiento, orgullo y prejuicios de otra persona.

Satanás trata continuamente de atraer la atención hacia los hombres en lugar de atraerla hacia Dios. Hace que el pueblo considere como sus guías a los obispos, pastores y profesores de teología, en vez de estudiar las Escrituras para saber por sí mismo cuáles son sus deberes. Dirigiendo luego la inteligencia de esos mismos guías, puede entonces también encaminar las multitudes a su voluntad.

Cuando Cristo vino a predicar palabras de vida, la gente corriente le oía con gozo y muchos, hasta de entre los sacerdotes y gobernantes, creyeron en él. Pero los principales de los sacerdotes y los jefes de la nación estaban resueltos a condenar y rechazar sus enseñanzas. A pesar de salir frustrados todos sus esfuerzos para encontrar en él motivos de acusación, a pesar de que no podían dejar de sentir la influencia del poder y sabiduría divinos que acompañaban sus palabras, se encastillaron en sus prejuicios y repudiaron la evidencia más clara del carácter mesiánico de Jesús, para no verse obligados a hacerse sus discípulos. Las personas de los días de Jesús habían sido enseñadas a respetar y reverenciar a sus líderes, para inclinarse sin preguntas a su autoridad espiritual.

"¿Cómo es posible —se preguntaban —que nuestros gobernantes y nuestros sabios escribas no crean en Jesús? ¿Sería posible que hombres tan piadosos no le aceptaran si fuese el Cristo?" Y fue la influencia de estos maestros la que indujo a la nación judía a rechazar a su Redentor.

El espíritu que animaba a aquellos sacerdotes y gobernantes anima aún a muchos que pretenden ser muy piadosos. Estos pastores falsos dependen en sus sentimientos antes que en un "Así ha dicho el Señor." Se niegan a examinar el testimonio que las Sagradas Escrituras contienen respecto a las verdades especiales para la época actual. Llaman la atención del pueblo al número de sus adeptos, su riqueza y su popularidad, y desprecian a los defensores de la verdad que por cierto son pocos, pobres e impopulares y cuya fe los separa del mundo.

Satanás, al trabajar a través de otras personas, tiene numerosas vías para influir y atar a sus prisioneros. Él se asegura la voluntad de multitudes atándolas con los lazos de seda de sus afectos a los enemigos de la cruz de Cristo. Sea cual fuere esta unión: paternal, filial, conyugal o social, el efecto es el mismo: los enemigos de la verdad ejercen un poder que tiende a dominar la conciencia, y las almas sometidas a su autoridad no tienen valor ni espíritu independiente suficientes para seguir sus propias convicciones acerca del deber.

Pensamiento Final

En mis estudios de la Biblia, he aprendido que si venimos a Jesús con un corazón abierto, Él nos llevará paso a paso hasta la verdad. Si estamos inciertos sobre qué es la verdad, debemos pedir a Dios que nos muestre su sabiduria, y no lo que por inclinación propia nos gustaría creer.

Él responderá nuestra pregaria si mostramos perseverancia y paciencia. Usted verá también que la verdad no quedará aclarada por sólo un texto, sino por "toda palabra que procede de la boca de Dios." Dios le guiará de modo que la verdad florezca como una bella flor. Increíbles bendiciones serán ganadas al usar estos prácticos, aunque poco usados, principios de estudio.

6

¿Hay Espíritus entre Nosotros?

ENTRE TODAS las historias sobre OVNIs (objetos voladores no identificados), ninguna a capturado la atención del público como el caso de Beatriz y Barney Hill. Primero publicado en octubre de 1965 por el *Boston Traveler*, la historia de Hill logró uno de los niveles más altos de interés público. Hoy, más de 40 años más tarde, continúa generando intensa curiosidad.

Barney y su esposa Beatriz sufrieron horribles pesadillas durante tres años. Uno de sus amigos sugirió la hipnoterapia para hallar la fuente de sus sueños terroríficos.

A través de sesiones de regresión hipnótica, el par aparentemente recordó que durante las vacaciones del 19 de septiembre de 1961, divisaron una luz brillante siguiéndoles desde del cielo. Según se cuenta, Barney salió del automóvil para ver mejor al OVNI en descenso. ¡Para su sorpresa, seres extraños estaban observándolo desde las ventanas!

Cuando el aterrorizado Barney quiso fugarse, ambos él y su esposa fueron secuestrados por monstruos de color gris. Forzados a subir a bordo de una nave extraterrestre fueron, según se informa, sujetos a un conjunto aterrador de experimentos torturadores.

Este incidente fue la primera historia de secuestro alienígeno que recibió publicidad de los medios de comunicación. Una película acerca de este caso fue producida para la televisión. Sin embargo, no hay mucha evidencia física del evento, y si hay alguna, nunca ha sido mostrada. Se afirmó que Beatriz, quien no estaba familiarizada con la astronomía, fue capaz de divisar dos estrellas desconocidas antes que se descubrieran. A la larga, sin embargo, resultó ser pura especulación.

Y así ha sido siempre con secuestros extraterrestres y otros encuentros sobrenaturales: gran cantidad de historias imaginativas con poca evidencia física para respaldarlas. Sin embargo muchos países, desde Australia hasta Irán, relatan historias de platillos voladores y secuestros.

¿Es posible que ciertos seres extraterrestres, muy diferentes a los humanos, visiten la tierra y hagan contacto con nosotros?

La respuesta a esta pregunta nos ayudará de una manera muy significativa a abrir la puerta para comprender lo que le sucedió a Katie cuando murió. Si podemos comprender una parte del mundo de los espíritus, quizá ello nos ayudará a comprender más sobre la vida futura.

¿Qué Sabemos acerca del Mundo Espiritual?

La relación entre el mundo visible y el invisible, el ministerio de los ángeles de Dios y la influencia o intervención de los espíritus malos, son asuntos claramente revelados en las Sagradas Escrituras e indisolublemente entretejidos con la historia humana.

Antes de la creación del hombre, había ya ángeles; pues cuando los cimientos de la tierra fueron echados, a una "las estrellas todas del alba alababan, y se regocijaban todos los hijos de Dios" (Job 38:7).

Después de la caída de hombre, los ángeles fueron enviados a proteger el árbol de la vida. La Biblia también nos dice, que los ángeles son por naturaleza superiores al hombre, porque el salmista dice "Le has hecho poco menor que los ángeles" (Salmos 8:5).

Por las Santas Escrituras tenemos el conocimiento de que hay miles y probablemente millones de ángeles. Ellas nos dan información acerca del número, del poder y de la gloria de los seres celestiales, de su relación con el gobierno de Dios y también con la obra de redención

Si usted duda estas cosas, considere los versos siguientes. "Jehová afirmó en los cielos su trono; y su reino domina sobre todos." Y el profeta dice: "Oí voz de muchos ángeles alrededor del trono." Ellos sirven en la sala del trono del Rey de los reyes—"ángeles, poderosos en fortaleza," "ministros suyos," que hacen "su voluntad," "obedeciendo a la voz de su precepto" (Salmo 103:19-21; Apocalipsis 5:11).

Millones de millones y millares de millares era el número de los mensajeros, celestiales vistos por el profeta Daniel (Daniel 7:10). El apóstol Pablo habla de "las huestes innumerables de ángeles" (Hebreos 12:22, V.M.). Como mensajeros de Dios, iban y volvían "a semejanza de relámpagos" (Ezequiel 1:14), tan deslumbradora es su gloria y tan veloz su vuelo. El ángel que apareció en la tumba del Señor, y cuyo "aspecto era como un relámpago y su vestido blanco como la nieve," hizo que los guardias temblaran de miedo y quedarán "como muertos." (Mateo 28:3, 4.)

Cuando Senaquerib, el insolente monarca asirio, blasfemó e

insultó a Dios y amenazó destruir a Israel, "aconteció que en aquella misma noche salió un ángel de Jehová, e hirió en el campamento de los asirios ciento ochenta y cinco mil hombres." El ángel "destruyó a todos los hombres fuertes y valerosos, con los príncipes y los capitanes" del ejército de Senaquerib, quien "volvió con rostro avergonzado a su propia tierra" (2 Reyes 19:35; 2 Crónicas 32:21 V.M.).

El problema que tienen los extraterrestres al visitar la tierra es el mismo que tendrían los humanos si quisieran visitar otros planetas: espacio y tiempo. Sin la avanzada tecnología "mas rápida que la luz", los extraterrestres tomarían siglos a viajar a la Tierra desde el planeta más cercano fuera del Sistema Solar. No sólo necesitarían tiempo para obtener conocimiento científico e inventar y construir naves altamente sofisticadas, sino que hubieran tenido que salir cientos de años atrás para llegar justo en este tiempo. Sin embargo tales consideraciones científicas no han detenido al 50% del público a creer que los extraterrestres han visitado la Tierra haciendo círculos en los maizales, mutilando ganado y secuestrando personas. No obstante, cuando consideramos la creencia de un gran número de la población en el registro bíblico, parece ser que ciertamente seres "extraterrestres" ya han visitado este planeta.

El Trabajo de los Ángeles Buenos

La Biblia desde luego incluye muchos recuentos de ángeles buenos enviados con misiones de misericordia a los hijos de Dios. Los ángeles buenos fueron enviados a:

- Abrahán, con promesas de bendición
- Al justo Lot, para rescatarle de las llamas de Sodoma
- Elías, cuando estaba por morir de cansancio y hambre en el desierto
- Eliseo, con carros y caballos de fuego que circundaban la pequeña ciudad donde estaba encerrado por sus enemigos
- Daniel, cuando imploraba la sabiduría divina en la corte de un rey pagano, o en momentos en que iba a ser presa de los leones
- Pedro, condenado a muerte en la cárcel de Herodes, y para mandarlo con el mensaje de salvación al extranjero gentil
- Los Presos en Filipo

- Pablo y sus compañeros en la noche de la tempestad en el mar
- Cornelio, para abrir su mente a recibir el evangelio

Como usted puede haber supuesto, esta lista de apariciones angélicas descrita en la Biblia está lejos de ser completa. El punto es, sin embargo, que esos ángeles santos han ministrado a las personas de Dios en todas las edades, y continúan ministrando hoy. Un ángel guardián está asignado a cada seguidor de Cristo. Estos centinelas celestiales protegen a los justos del poder del maligno. Así lo reconoció el mismo Satanás cuando dijo: "¿Teme Job a Dios de balde? ¿No le has tu cercado a él y a su casa, y a todo lo que tiene en derredor?" (Job 1:9, 10)

David describe la protección de ángeles celestiales alrededor de las personas de Dios en Salmos 34:7: "El ángel de Jehová acampa alrededor de los que le temen y los defiende."

Hablando de los que creen en él, el Salvador dijo: "Mirad no tengáis en poco a alguno de estos pequeños; porque os digo que sus ángeles en los cielos ven siempre la faz de mi Padre" (Mateo 18:10). Los ángeles encargados de atender a los hijos de Dios (grandes o chicos) tienen a toda hora acceso cerca de él.

Así que, aunque expuesto al poder engañoso y a la continua malicia del príncipe de las tinieblas y en conflicto con todas las fuerzas del mal, el pueblo de Dios tiene siempre asegurada la protección de los ángeles del cielo. Y esta protección no es superflua. Si Dios concedió a sus hijos su gracia y su amparo, es porque deben hacer frente a las temibles potestades del mal, potestades múltiples, audaces e incansables, cuya malignidad y poder nadie puede ignorar o despreciar impunemente.

Pensamiento Final

No creo en secuestros extraterrestres porque la evidencia es muy débil, pero yo sí sé que la Biblia está llena de seres increíbles llamados ángeles.

Dios nos ha dado una excelente bendición compartiendo las buenas noticias de Sus ángeles que son enviados para ayudarnos cuando estamos en necesidad. Alrededor de usted hay ángeles cuyo único propósito es guardarle del peligro y del mal. Es un consuelo para mí saber que estos espíritus están entre nosotros en cada momento, todos los días.

El peligro existe cuando nos alejamos de estos espíritus protectores al descuidar la Palabra de Dios y permitir el mal en nuestras vidas. Existe una guerra entre el bien y el mal en este momento el otro lado del velo espiritual. No tenemos nada que temer si permanecemos cerca de Dios y hacemos todo lo posible para que Sus ángeles intervengan en nuestro favor.

7

La Verdad sobre los Demonios

"ENFRÉNTALO, Morneau, no eres tu propio dueño. Desearías serlo, pero no lo eres. Los espíritus te poseen totalmente, y mientras más rápido lo reconozcas . . . mucho mejor estarás." Roland comenzó a pasearse por la habitación apretando sus manos. "Lo que estoy a punto de decirte preferiría decírselo a mis enemigos en lugar de a un viejo amigo."

Para entonces Roland estaba sudando, aunque no hacía calor en la habitación. "Tus días están contados al igual que los de esa joven pareja responsables por guiarte lejos del maestro. Ven conmigo para ver al sumo sacerdote en este momento. Él te restaurará el favor del espíritu, y todo estará bien. De esta forma nadie saldrá lastimado." Roland de nuevo tuvo que pausar por un par de segundos para usar su pañuelo.

"Una cosa en particular el sumo sacerdote quiere que comprendas: nadie ha salido con vida de nuestra sociedad secreta. Los espíritus te trajeron a ti y a mi, estamos bajo su sujeción, y no ellos sujetos a nosotros."

Y así va la historia del que fuera Roger Morneau, un hombre que se alejó de Dios hasta que le odió. Cuando un amigo lo invitó a que se uniera a la adoración en un culto de demonios, Roger estaba demasiado dispuesto.

Cuando Morneau halló finalmente las buenas nuevas de un Dios amoroso y quiso dejar la adoración a los demonios, se encontró con grandes complicaciones. Los demonios a los que Morneau había rendido culto anteriormente no le querían dejar ir. Decir que lo amenazaron es poco.

La historia de Morneau y su rescate divino del mundo del satanismo es estremecedora. ¿Quiénes eran estos maestros quienes primero gobernaron y luego amenazaron a Roger Morneau? Cuando pensamos en ángeles, pensamos a menudo en "ángeles buenos" —aquellos que nos protegen o son enviados en tiempo de necesidad. La Biblia, sin embargo, menciona que también existen ángeles o espíritus malos que son tan reales como sus contrapartes celestiales.

Los espíritus malos, creados en un principio sin pecado, eran iguales, por naturaleza, poder y gloria, a los seres santos que son ahora mensajeros de Dios. Pero una vez caídos por el pecado, se unieron para deshonrar a Dios y acabar con los hombres.

Unidos con Satanás en su rebeldía y arrojados del cielo con él, han sido desde entonces, en el curso de los siglos, sus cómplices en la guerra empezada contra la autoridad divina. Su existencia infeliz ahora se centra alrededor de dos objetivos diabólicos: desbaratar los planes de Dios y destruir a los humanos. Satanás tiene la plena cooperación de sus malvados ángeles en su guerra contra el gobierno de Dios, y realmente estan bastante organizados.

Las Sagradas Escrituras nos hablan de su unión y de su gobierno de sus diversas órdenes, de su inteligencia y astucia, como también de sus propósitos malévolos contra la paz y la felicidad de los hombres.

La historia del Antiguo Testamento menciona a veces su existencia y su actuación pero fue durante el tiempo que Cristo estuvo en la tierra cuando los espíritus malos dieron las más sorprendentes pruebas de su poder. Cristo había venido para cumplir el plan ideado para la redención del hombre, y Satanás resolvió afirmar su derecho para gobernar al mundo.

> Lo que sabemos acerca de seres extraterrestres es que de acuerdo con la Biblia, los ángeles y los demonios son parte de otra dimensión y que se trasladan fácilmente según sus propósitos. La Biblia también dice claramente que tienen contacto continuo con los seres humanos. En algunos casos, esta actividad es en beneficio nuestro; en otros casos, es peligroso y mortal. "Porque no tenemos lucha contra sangre y carne, sino contra principados, contra potestades, contra señores del mundo, gobernadores de estas tinieblas, contra malicias espirituales en los aires." (Efesios 6:12)

En ese momento en la historia del mundo, Satanás había logrado implantar la idolatría en toda la tierra, menos en Palestina.

Cristo vino a derramar la luz del cielo sobre el único país que no se había sometido al yugo del tentador. Dos poderes rivales pretendían la supremacía. Jesús extendía sus brazos de amor, invitando a todos los que querían encontrar en él perdón y paz. Las huestes de las tinieblas vieron que no poseían un poder ilimitado, y comprendieron, que si la misión de Cristo tenía éxito, pronto terminaría su reinado. Satanás se enfureció como león encadenado y desplegó atrevidamente sus poderes tanto sobre los cuerpos como sobre las almas de los hombres. Que ciertos hombres y mujeres hayan sido poseídos por demonios está claramente expresado en el Nuevo Testamento. Las personas afligidas de tal suerte no sufrían únicamente de enfermedades cuyas causas eran naturales. Cristo tenía conocimiento perfecto de con quien estaba tratando, y reconocía la presencia y acciones directas de los espíritus malos.

¿Qué Poderes Tienen los Ángeles Malos?

Un sorprendente ejemplo del número, poder y malignidad de los Ángeles malos, como también del poder misericordioso de Cristo, lo encontramos en el relato de la curación de los endemoniados de Gádara.

Aquellos pobres desaforados, que burlaban toda restricción y se retorcían, echando espumarajos por la boca, enfurecidos, llenaban el aire con sus gritos, se maltrataban y ponían en peligro a cuantos se acercaban a ellos. Sus cuerpos cubiertos de sangre y desfigurados, sus mentes extraviadas, presentaban un espectáculo de los más agradables para el príncipe de las tinieblas.

Uno de los demonios que dominaba a los enfermos, declaró: "Legión me llamo; porque somos muchos" (Marcos 5:9). En el ejército romano una legión se componía de tres a cinco mil hombres. Las huestes de Satanás están también organizadas en compañías, y la compañía a la cual pertenecían estos demonios correspondía ella sola en número por lo menos a una legión.

Aún una legión de espíritus malos no era ningún reto para la voz poderosa de Jesús, sin embargo. A la orden de nuestro Salvador, los demonios no tenían otra alternativa sino la de dejar a sus víctimas. Los dos hombres entonces pasaron por una transformación inmediata y notable. Tan pronto como los demonios les dejaron, se sentaron calmados a los pies de Jesús. La mirada salvaje en sus ojos había desaparecido, el último grito había dejado sus labios. Ahora eran corteses, sumisos e inteligentes.

Los demonios desplazados aparentemente necesitaron alguna parte para ir, o al menos eso hicieron. Jesús entonces les permitió despeñar una manada de cerdos en el mar.

Esta era una gran pérdida financiera y los habitantes de Gádara, estimando de más valor sus puercos que las bendiciones que Dios había concedido, rogaron al divino Médico que se alejara. Tal era el resultado que Satanás deseaba conseguir. Echando la culpa de la pérdida sobre Jesús, despertó los temores egoístas del pueblo, y les impidió escuchar sus palabras. Satanás acusa continuamente a los cristianos de ser causa de pérdidas, desgracias y padecimientos, en lugar de dejar recaer el oprobio sobre quienes lo merecen, es decir, sobre sí mismo y sus agentes.

Pero los propósitos de Cristo no quedaron frustrados. Permitió a los espíritus malignos que destruyesen la manada de cerdos, como censura contra aquellos que, por amor al lucro, criaban esos animales inmundos. Si Cristo no hubiese contenido a los demonios, habrían precipitado al mar no sólo los cerdos sino también a los dueños y porqueros.

La preservación de los pastores y sus empleadores era nada menos que un milagro, un ejemplo del poder y la misericordia de Dios. Por otra parte, el suceso fue permitido para que los discípulos viesen el poder malévolo de Satanás sobre hombres y animales.

Jesús quería que sus discípulos conociesen al enemigo al que iban a afrontar, para que no fuesen engañados y vencidos por sus artificios.

Quería también romper la esclavitud por el materialismo de las personas de Gádara, quería, además, que el pueblo de aquella región viese que él, Jesús, tenía el poder de romper las ligaduras de Satanás y libertar a sus cautivos. Y aunque Jesús se alejó, los hombres tan milagrosamente libertados quedaron para proclamar la misericordia de su Bienhechor.

Otros casos de naturaleza similar están registrados en las Escrituras:

- La hija de la mujer sirofenicia estaba atormentada de un demonio al que Jesús echó fuera por Su palabra. (Marcos 7:26-30)
- Mateo registra la historia de un poseído por un demonio, este era ciego, y mudo. (Mateo 12:22)
- Marcos cuenta la historia de un joven que tenía un espíritu de mudo, quien lo "lanza en el fuego, y en las aguas, para matarlo" (Marcos 9:17 27).

- Lucas dice la historia de un maniático que, atormentado por un espíritu diabólico, perturbaba la tranquilidad del Sábado en la sinagoga de Capernaum. (Lucas 4:33-36)

Todos ellos fueron curados por el compasivo Salvador. En casi todos los casos Cristo se dirigía al demonio como a un ser inteligente, ordenándole salir de su víctima y no atormentarla más. Al ver su gran poder, los adoradores reunidos en Capernaum se asombraron, "y hablaban unos a otros, diciendo: ¿Qué palabra es ésta que con autoridad y potencia manda a los espíritus inmundos, y salen?" (Lucas 4:36).

Pensamiento Final

La gran parte del mundo se burlaría del contenido de este capítulo —pero al hacer esto se están riendo también de las enseñanzas directas de Dios. Ahora que usted a través de la Biblia ha comprendido más acerca de los ángeles y los demonios, tiene un conocimiento más amplio de la verdad. Ahora puede valerse de la verdad cuando la tentación atraviese su camino. Aquellos que se mofan están bajo una desventaja terrible.

En la batalla entre el bien y el mal, los ángeles buenos y malos están haciendo todo lo posible para liberarle. Los ángeles buenos quieren liberarle del mal y los ángeles malos quieren liberarle del bien. Los ángeles de Dios usarán sólo la razón y el amor para dirigir nuestras acciones, mientras que los ángeles malos usarán engaños para lograr que usted peque. ¿Quiénes tienen realmente mejores propósitos en mente? ¿Debe confiar en aquellos que le mentirán, o aquellos que dicen la verdad por muy dura que sea?

Usted y yo tenemos la última palabra. Dios nos dio libre albedrío para escoger a quien seguiremos. Escojamos el bien.

8

Peligros de Experimentar en Demonios

SI USTED se para a escuchar a la actriz Shirley MacLaine y sus recuerdos de vidas pasadas, parece que ella casi lo ha hecho todo. Según MacLaine, ella ha sido una princesa india, pirata con pata de palo, y hombre de la Atlántida. Tal vez la historia más curiosa es cuando fue la mística amante del famoso Carlomagno.

En su vida actual, MacLaine se ha convertido en una de las principales oradoras del mundo de la Nueva Era y el espiritismo. En sus propias palabras, fue señalada, observada, y seguida por entes invisibles que le obserbavan su cada movimiento. El título de su libro "best-seller" procede de la frase clave que le decían los espíritus que acostumbraban a llamar su atención: "Para conseguir la fruta del árbol, hay que arriesgarse."

MacLaine no se anda con rodeos en su interés por contactar a los muertos y asegura que el actor Peter Sellers la contactó después de su muerte. En 1983, cuando Paramount Pictures intentó notificar a MacLaine de una nominación para los Óscares, la buscaron por todo el mundo y finalmente fue localizada en Egipto. MacLaine fue hallada durmiendo en la sala sepulcral de una pirámide egipcia.

No obstante sus excentricidades, la popularidad de MacLaine como guía espiritual no es nada menos que asombrosa. Cuando se preparó para una serie de seminarios a finales de 1980, las entradas se agotaron, vendidas todas a través del país. MacLaine, cuya religión incluye grandes dosis de espiritismo y OVNIs, está concentrando su atención ahora en enseñar a otros lo que ha aprendido sobre el mundo de los espíritus. . . .

Aunque muchas historias de la Biblia mencionan a individuos poseídos por demonios como grandes víctimas, existen excepciones a la regla. La Biblia da varios ejemplos de personas que con el fin de obtener poder sobrenatural, se sometían voluntariamente a la influencia satánica. Estas, por supuesto, no entraban en conflicto con los demonios.

A esta categoría pertenecen los que poseían el espíritu de adivinación, como los magos Simón y Elimas y la joven adivina que siguió a Pablo y a Silas en Filipos.

A pesar de pretensiones que tales individuos hacen sobre sus niveles de "esclarecimiento y conciencia avanzada", ellos están interactuando con una fuerza muy peligrosa. Intentando contactar a los muertos, también van en contra de las advertencias de las Escrituras.

Nadie está en mayor peligro de caer bajo la influencia de los espíritus malos que los que, a pesar del testimonio directo y positivo de las Sagradas Escrituras, niegan la existencia e intervención del diablo y de sus ángeles. Esto juega bien en las manos de Satán, dándole a él y a sus ángeles una ventaja casi incalculable. ¿Después de todo, cómo pueden los pobres mortales estar en guardia contra alguien que no existe?

Satán propaga por todas partes la creencia de que él no existe. Su política consiste en esconderse y obrar a hurtadillas. Lo último que él quiere es que las personas descubran sus planes y artimañas. En realidad, tal revelación sería su peor pesadilla.

A medida que nos acercamos al fin del tiempo, Satanás trabaja con mayor furia para engañar y destruir. La Biblia dice que el diablo anda como león rugiente, buscando a quién devorar. Muchas víctimas desventuradas piensan que están escuchando los dictados de su propia "sabiduría interior"; no están escuchando en realidad a su interior propio sino a las sugerencias de Satanás.

> **Según ciertas estadísticas, casi un 75% de personas en la Tierra creen en la existencia de ángeles y demonios —así que el tema es escasamente puesto en duda. El judaísmo, islamismo, y la cristiandad católica y protestante creen en la existencia de ángeles y demonios obrando para o contra la voluntad de Dios.**

El Diablo en su Disfraz

Satanás es el padre de toda mentira, el maestro de los disfraces. Para mejor disfrazar su carácter y encubrir sus verdaderos propósitos, se ha hecho representar de modo que no despierte emociones más poderosas que las del ridículo y del desprecio. Le gusta que lo pinten deforme o repugnante, mitad animal mitad hombre. Le agrada oírse nombrar como objeto de diversión y de burla por personas que se creen inteligentes e instruidas.

"Deje que ésos que piensan que son inteligentes y bien informados se rían, y hasta se mofen del diablo. Yo me reiré mejor al final." La batalla es real, el diablo es real, y su propia vida está envuelta. Pero él no quiere que lo sepa.

El hecho de que tantas personas se pregunten: "¿Existe en realidad ente semejante?" es prueba evidente de su éxito en la aceptación general de que gozan entre el público religioso ciertas teorías que niegan los testimonios más positivos de las Sagradas Escrituras. Satán es un experto en hacer creer aún a los cristianos en teorías que contradicen directamente las declaraciones más simples de las Escrituras.

Jesús sabía que Satanás podía controlar sin demora las mentes de esos que están inconscientes de su influencia. Ese es el por qué la Palabra de Dios nos da tantos ejemplos del trabajo diabólico de Satanás. Revelando las maniobras de Satanás, Jesús procuraba ponernos en guardia contra sus asaltos.

Cómo Evitar el Engaño

A menos que viva en una vecindad increíblemente segura, proveemos cuidadosamente nuestras casas con cerrojos y candados para proteger nuestros bienes y nuestras vidas contra los malvados; pero rara vez pensamos en los ángeles malos que tratan continuamente de llegar hasta nosotros, y contra cuyos ataques no contamos en nuestras propias fuerzas con ningún medio eficaz de defensa. Si se les dejara, nos trastornarían la razón, nos desquiciarían y torturarían el cuerpo, destruirían nuestras propiedades y nuestras vidas. Sólo se deleitan en el mal y en la destrucción.

Sin Cristo, estamos indefensos contra los demonios. Y ciertamente no tenemos ninguna fortaleza propia. Como consecuencia, esos que resisten la ayuda disponible y única en Jesús están en un lugar peligroso. Satanás tiene la libertad para manipularles, ya que ellos no tienen ningún poder para resistirle.

Terrible es la condición de los que resisten a las exigencias de Dios y ceden a las tentaciones de Satanás hasta que Dios los abandona al poder de los espíritus malignos.

Pero los que siguen a Cristo están siempre seguros bajo su protección.

Ángeles de gran poder son enviados del cielo para ampararlos.

El maligno no puede forzar la guardia con que Dios tiene rodeado a su pueblo.

Pensamiento Final

A menudo conseguimos enredarnos al hacer decisiones basadas en nuestras emociones y sin verificar todos los hechos primero. Normalmente aceptamos algo cuando nos sienta o nos parece bien. Considere la adicción a las drogas y el alcohol. . . nuestros sentimientos son complacidos porque nos hace sentir bien. Yo estaba acostumbrado a beber continuamente, así que lo sé por experiencia. Pero también sé los hechos —las drogas y el alcohol a menudo nos causan hacer el mal, y mucho peor, pueden matar.

A Satanás y a sus demonios les encanta cuando nos hacen hacer el mal, especialmente cuando ese mal nos daña. Satanás no se interesa por usted y hará todo lo posible para que usted se comprometa con el más pequeño de los pecados. Recuerde que si algo es un 90% bueno y tan sólo un 10% malo resulta todavía más peligroso. Aceptando un poco de mal, nos abrimos a algo mucho peor.

Shirley MacLaine se abrió a una "vida del pasado", y ahora está totalmente enlodada en el error. No deje que el mal le engañe de esa manera. Haga de la Biblia su regla de vida y manténgase alejado de falsas doctrinas y espíritus malos.

9

Cuando los Ángeles Fueron a la Guerra

EL 18 DE NOVIEMBRE de 1973, durante una cirugía rutinaria Betty Eadie murió a causa de complicaciones que surgieron durante la operación. Inexplicablemente, Betty regresó a la vida nueve minutos más tarde con una historia increíble para contar. Mientras clínicamente muerta, el alma de Betty presuntamente viajó al cielo. Más allá de las puertas de perla, tuvo encuentros ángeles y otros espíritus con conocimientos fantásticos para impartir. Por ejemplo, ella insiste que:

- Los humanos estaban con Dios desde el principio y le ayudaron a crear la Tierra
- Eva no "pecó," sino que más bien comenzó una nueva "iniciativa" que hizo posible que la humanidad tuviera hijos
- Somos intrínsicamente divinos
- Los espíritus del otro lado nos ayudarán a aprender las lecciones de la vida, y hasta ayudar en nuestro progreso
- La muerte es un "renacimiento" espiritual, nuestra "transición" a otra forma de ser

Betty Eadie logró fama y fortuna escribiendo el libro que describe su experiencia. Embraced by the Light (Abrazados por la Luz) fue ampliamente leído en círculos cristianos. ¡El libro fue tan popular que permaneció número uno en la lista de éxitos editoriales del *New York Times* durante más un año!

Según el *Dallas Morning News,* la atracción principal del libro es la descripción de la vida eterna y la noción consoladora para personas que han sobrevivido la pérdida de un ser querido o aquellos contemplando su propia muerte.

¿Qué podemos aprender de Betty Eadie y su experiencia? Lo obvio es que las experiencias cercanas a la muerte tienden a alterar nuestra percepción de la realidad. Raymond Moody, un experto en este campo, dijo que aquellos pasan por una experiencia cercana a la muerte emergen con una apreciación por la religión diferente a lo establecido por la mayor parte de las iglesias. Llegan a comprender por éstas experiencias que la religión no se trata de qué grupo tiene la razón y qué grupo no la tiene. Las personas que experimentan una experiencia cercana a la muerte afirman que la religión concierne su habilidad de amar —no doctrinas ni confesión religiosa. En resumen, concluyen que Dios es mucho más magnánimo que lo que ellos pensaban previamente, y que los diferentes grupos religiosos no cuentan. Este desde luego era el caso con Betty Eadie.

Betty Eadie no está sola en sus creencias sobre espíritus y la vida futura. Durante la pérdida de Katie que nuestra familia sufrió, no pude dejar pensar en lo que esta escritora famosa tenía que decir sobre la muerte. ¿Acaso Katie experimentó algo así como lo que Betty Eadie experimentó? ¿Está Katie en los cielos ahora, conversando con ángeles y otros "espíritus útiles"?

Betty Eadie es una cristiana declarada y devota. ¿Si hay vida después de la muerte, podría yo conocer la verdad sobre la vida futura basándome en su experiencia? ¿Cómo podemos saber cuan exacta fue su historia? ¿Si fuese de lo contrario, cómo podríamos estar seguros? ¿Podría lo que Betty aprendió sobre la historia del universo y del mundo de los espíritus darnos clara evidencia de lo que nos sucede cuando morimos?

Una razón por la cual el libro de Betty Eadie se mantuvo en la lista de éxitos editoriales por tanto tiempo es porque dió respuestas a las preguntas más profundas de la gente. A pesar del hecho que las respuestas no eran bíblicas, dió las respuestas que la gente quería escuchar. Vemos guerras como la de Irak, vemos un tsunami que mata a un cuarto de millón de personas, vemos hambre, SIDA, armas biológicas, calentamiento global y nos preguntamos: ¿Si Dios es tan bueno y bondadoso, por qué existe todo este mal? ¿Si Dios verdaderamente es amor y tiene poder infinito, por qué no usa todo su poder para detener todo este dolor?

Para responder mejor a esta pregunta, necesitamos volver al comienzo —no de este mundo— pero de los ángeles y el pecado. Necesitamos saber porqué existen ángeles malos, y lo que están haciendo para hacer la verdad más difícil de ser aceptada. Es también importante saber porqué las cosas salieron mal en el principio y porqué nos encontramos en un estado de confusión.

Cómo Comenzó Todo Esto

Para muchos el origen del pecado y el por qué de su existencia es causa de gran perplejidad. Ven la obra del mal con sus terribles resultados de dolor y desolación, y se preguntan cómo puede existir todo eso bajo la soberanía de Aquel cuya sabiduría, poder y amor son infinitos. Es esto un misterio que no pueden explicarse. Y su incertidumbre y sus dudas los dejan ciegos ante las verdades plenamente reveladas en la Palabra de Dios y esenciales para la salvación.

Hay quienes, en sus investigaciones acerca de la existencia del pecado, tratan de inquirir lo que Dios nunca reveló; de aquí que no encuentren solución a sus dificultades; y los que son dominados por una disposición a la duda y a la cavilación lo aducen como disculpa para rechazar las palabras de la Santa Escritura.

Otros, sin embargo, no se pueden dar cuenta satisfactoria del gran problema del mal, debido a la circunstancia de que la tradición y las falsas interpretaciones han obscurecido las enseñanzas de la Biblia referentes al carácter de Dios, la naturaleza de su gobierno y los principios de su actitud hacia el pecado.

Aún el mejor y más brillante de los hombres no puede darle una explicación completa al origen del pecado. Es imposible explicar el origen del pecado y dar razón de su existencia. Existen ciertas cosas que simplemente Dios tiene, en su misericordia excelente, escogidas para no revelar.

Sin embargo, se puede comprender suficientemente lo que atañe al origen y a la disposición final del pecado, para hacer enteramente manifiesta la justicia y benevolencia de Dios en su modo de proceder contra todo mal.

Nada se enseña con mayor claridad en las Sagradas Escrituras que el hecho de que Dios no fue en nada responsable de la introducción del pecado en el mundo, y de que no hubo retención arbitraria de la gracia de Dios, ni error alguno en el gobierno divino que dieran lugar a la rebelión. El pecado es un intruso, y no hay razón que pueda explicar su presencia. Es algo misterioso e inexplicable; excusarlo equivaldría a defenderlo.

Si se pudiera encontrar alguna excusa en su favor o señalar la causa de su existencia, dejaría de ser pecado. La única definición del pecado es la que da la Palabra de Dios: "El pecado es transgresión de la ley;" es la manifestación exterior de un principio en guerra contra la gran ley de amor que es el fundamento del gobierno divino.

¿Cómo Era Todo en el Principio?

Antes de la entrada del mal, había paz y gozo en todo el universo. Todo guardaba perfecta armonía con la voluntad del Creador. El amor a Dios estaba por encima de todo, y el amor de unos a otros era imparcial.

Cristo el Verbo, el Unigénito de Dios, era uno con el Padre Eterno: uno en naturaleza, en carácter y en designios; era el único ser en todo el universo que podía entrar en todos los consejos y designios de Dios.

Fue por intermedio de Cristo por quien el Padre efectuó la creación de todos los seres celestiales. "Por él fueron creadas todas las cosas, en los cielos, . . . ora sean tronos, o dominios, o principados, o poderes" (Colosenses 1:16, V.M.); y todo el cielo rendía homenaje tanto a Cristo como al Padre.

Porque la ley del amor es la fundación del gobierno de Dios [Salmos 89:14; 85:10], la felicidad de todo ser creado dependía de su obediencia a esa ley [Mateo 5:1–12].

Dios quiere que todas sus criaturas le rindan un servicio de amor y un homenaje que provenga de la apreciación inteligente de su carácter. No le agrada la sumisión forzosa, y da a todos libertad para que le sirvan voluntariamente.

Pero hubo uno que escogió pervertir esta libertad. El pecado nació en aquel que, después de Cristo, había sido el más honrado por Dios y el más exaltado en honor y en gloria entre los habitantes del cielo. Antes de su caída, Lucifer era el primero de los querubines que cubrían el propiciatorio santo y sin mácula.

"Así dice Jehová el Señor: ¡Tú eres el sello de perfección, lleno de sabiduría, y consumado en hermosura! En el Edén, jardín de Dios, estabas; de toda piedra preciosa era tu vestidura." "Eras el querubín ungido que cubrías con tus alas; yo te constituí para esto; en el santo monte de Dios estabas, en medio de las piedras de fuego te paseabas. Perfecto eras en tus caminos desde el día en que fuiste creado, hasta que la iniquidad fue hallada en ti." (Ezequiel 28:12-15, V.M.)

Lucifer habría podido seguir gozando del favor de Dios, amado y honrado por toda la hueste angélica, empleando sus nobles facultades para beneficiar a los demás y para glorificar a su Hacedor. Pero el profeta dice: "Se te ha engreído el corazón a causa de tu hermosura; has corrompido tu sabiduría con motivo de tu esplendor." (Vers.17)

Poco a poco, Lucifer se abandonó al deseo de la propia

exaltación. "Tú que decías en tu corazón: Subiré al cielo, en lo alto junto a las estrellas de Dios, levantaré mi trono, y en el monte del testimonio... sobre las alturas de las nubes subiré y seré semejante al Altísimo" (Isaías 14:13, 14).

En lugar de procurar que Dios fuese objeto principal de los afectos y de la obediencia de sus criaturas, Lucifer se esforzó por granjearse el servicio y el homenaje de ellas. Y, codiciando los honores que el Padre Infinito había concedido a su Hijo, este príncipe de los ángeles aspiraba a un poder que sólo Cristo tenía derecho a ejercer. Así que, al tratar de tomar el poder, el príncipe de los ángeles se reveló contra el mismo Dios que le había creado. Y aún peor, él convenció a un gran número de ángeles de Dios que se unieran en este acto ingrato y horrible.

> **Experiencias cercanas a la muerte como la de Betty Eadie son en realidad bastante comunes. Mucha gente ha expresado que eran capaces de verse así mismos y a médicos en la cama tratando de reavivarles. Otros han contado historias sobre un túnel con una bella y relumbrante luz brillando en la distancia. Todavía otros han dicho que han hablado con sus amados fallecidos. Pero algunos dicen que las experiencias cercanas a la muerte pueden atribuirse a la falta del oxígeno llegando al cerebro, causando alucinaciones masivas mientras el cerebro lucha por vivir.**

Pensamiento Final

Los sentimientos no son malos. Dios nos dio los sentimientos para enriquecer nuestra experiencia humana y para acercarnos más a Él y al uno con el otro. Tal como la razón aparte de los sentimientos trae la lealtad hueca, los sentimientos aparte de la razón resultan en peligros terribles. En realidad, fueron los malos sentimientos los que transformaron a Lucifer, un ángel de luz, en un diablo cruel llamado Satanás.

Ése es el por qué las ideas de Betty Eadie sobre el universo son tan peligrosas. Suenan excelentes y atractivas, pero detrás de éstos sentimientos placenteros hay mentiras en las que Satanás espera que caiga Tanto más pueda él conseguir que usted acepte su versión de los eventos, más podrá conseguir que usted discrepe con lo que Dios quiere para usted.

Antes de la rebelión del diablo, el cielo gozaba de paz y cada criatura creada vivía en armonía. ¿Podríamos decir honestamente que sería mejor escoger los caminos del diablo? ¿No tiene acaso más sentido, desear los planes que Dios tiene para su vida?

10

La Vía del Orgullo

SEGURAMENTE no hay una figura histórica tan repudiada como la de Adolfo Hitler. Él sumergió al mundo en una de las guerras más sangrientas de la historia y planeó la muerte de un décimo de millones de judíos y otras personas "indeseables."

Sin embargo no muchos recuerdan el bien que Hitler hizo por su país al comienzo de su carrera. A pesar de su vil legado, vale la pena recordar que en el principio los alemanes amaban a Hitler. Así que todo y que cualquier persona buena y respetable nunca será un seguidora de Hitler y no desearía glorificarle en ningun modo, un dicho trillado merece nuestra consideración: "Estudie la historia o la repetirá." Al estudiar el legado de Hitler, tanto lo bueno como lo malo podremos llegar a conozer mejor al diablo.

Bajo Hitler, Alemania creció fuerte, moderna y con una economía energética de industrias que llevaron su mercancía a todos los puntos del globo. Hitler construyó "super autopistas", entre las mejores del mundo, que recorrían su país a lo largo y ancho. Construyó estadios magníficos que hospedaron eventos de clase mundial y ayudó a crear el automóvil nacional número uno del país. Este automóvil nacional era el orgullo de Alemania, un símbolo de que el país había ganado un lugar entre las naciones industrializadas del mundo.

Era como si no hubiese nada que a Alemania le pudiera ir mal o que Hitler pudiera hacer mal —o al menos lo parecía. Hitler era el símbolo de la virtud Alemana, fortaleza, y grandeza —el orgullo y la alegría de su país. El líder alemán estaba listo para cambiar su mundo y conquistarlo para su "Tercer Imperio" y moldarlo a su imagen.

Cuando la nación llegó a comprender que había sido gobernada por un loco ya era demasiado tarde. Muchos que no hubiesen odiado a los judíos permitieron seducirse por esa locura y formar parte de uno de los más graves genocidios en la historia.

Así mismo, durante las primeras etapas de la historia del universo, Lucifer era un líder. Sin embargo, enfadado por no ser la autoridad máxima, comenzó a cultivar ambiciones siniestras. Hitler también tenía aspiraciones. Gobernar su país no era suficiente para él. Hitler quería dominar el mundo, y ese deseo lo impulsó a crear su "gran sociedad" —un país que se caracterizó por la "raza maestra" y la sistemática eliminación o subyugación de todos sus rivales. Lucifer también deseó cambiar su mundo. Encontrando falta con el gobierno de Dios, quiso crear un nuevo orden celestial.

Antes que Lucifer empezara a sembrar sus semillas de descontento, el cielo estaba lleno de alegría. La aspiración más alta de los ángeles era la de reflejar la gloria de su Creador y mostrar su alabanza. Y mientras que Dios era honrado así, todo era paz y alegría.

Pero una nota discordante vino a romper las armonías celestiales. El amor y la exaltación de sí mismo, contrarios al plan del Creador, despertaron presentimientos del mal en las mentes de aquellos entre quienes la gloria de Dios lo superaba todo.

Los consejos celestiales alegaron con Lucifer. El Hijo de Dios le hizo presentes la grandeza, la bondad y la justicia del Creador, y la naturaleza sagrada e inmutable de su ley. Dios mismo había establecido el orden del cielo, y Lucifer al apartarse de él, iba a deshonrar a su Creador y a atraer la ruina sobre sí mismo. Pero la amonestación dada con un espíritu de amor y misericordia infinitos, sólo despertó espíritu de resistencia. Lucifer dejó prevalecer sus celos y su rivalidad con Cristo, y se volvió aún más obstinado.

El orgullo de su propia gloria le hizo desear la supremacía. Lucifer no apreció como don de su Creador los altos honores que Dios le había conferido, y no sintió gratitud alguna. Se glorificaba de su belleza y elevación, y aspiraba a ser igual a Dios.

Era amado y reverenciado por la hueste celestial. Los ángeles se deleitaban en ejecutar sus órdenes, y estaba revestido de sabiduría y gloria sobre todos ellos. Sin embargo, el Hijo de Dios era el Soberano reconocido del cielo, y gozaba de la misma autoridad y poder que el Padre. Cristo tomaba parte en todos los consejos de Dios, mientras que a Lucifer no le era permitido entrar así en los designios divinos. Y este ángel poderoso se preguntaba por qué había de tener Cristo la supremacía y recibir más honra que él mismo.

Obrando con misteriosos sigilo y encubriendo durante algún tiempo sus verdaderos fines bajo una apariencia de respeto hacia

Dios, se esforzó en despertar el descontento respecto a las leyes que gobernaban a los seres divinos, insinuando que ellas imponían restricciones innecesarias.

Insistía en que siendo dotados de una naturaleza santa, los ángeles debían obedecer los dictados de su propia voluntad. Procuró ganarse la simpatía de ellos haciéndoles creer que Dios había obrado injustamente con él, concediendo a Cristo honor supremo. Dio a entender que al aspirar a mayor poder y honor, no trataba de exaltarse a sí mismo sino de asegurar libertad para todos los habitantes del cielo, a fin de que pudiesen así alcanzar a un nivel superior de existencia.

Hitler, la mente maestra detrás del holocausto, una vez dijo que para que la gente se trague una mentira hay que hacerla lo suficientemente gorda. Lentamente convinció a los alemanes de que los judíos estaban tomado el control de la economía nacional y usando injustamente su poder sobre los alemanes nativos. Empezó a embargar bienes y más tarde conglomeró a los judíos en guetos. Luego hizo creer a la nación que los judíos estaban siendo desalojados, cuando en realidad estaban siendo enviados a campos de concentración donde podría matarlos. Así mismo, Lucifer usa a menudo mentiras para hacer creer a los humanos mentiras aun mayores.

La Paciencia de Dios

En su gran misericordia, Dios soportó por largo tiempo a Lucifer. Este no fue expulsado inmediatamente de su elevado puesto, cuando se dejó arrastrar por primera vez por el espíritu de descontento, ni tampoco cuando empezó a presentar sus falsos asertos a los ángeles leales.

Fue retenido aún por mucho tiempo en el cielo. Varias y repetidas veces se le ofreció el perdón con tal de que se arrepintiese y se sometiese. Para convencerle de su error se hicieron esfuerzos de que sólo el amor y la sabiduría infinitos eran capaces. Hasta entonces no se había conocido el espíritu de descontento en el cielo. El mismo Lucifer no veía en un principio hasta dónde le llevaría este espíritu; no comprendía la verdadera naturaleza de sus sentimientos. Pero cuando se demostró que su descontento no tenía motivo, Lucifer se convenció de que no tenía razón, que lo que Dios pedía era justo, y que debía reconocerlo ante todo el cielo.

De haberlo hecho así, se habría salvado a sí mismo y a muchos ángeles. En ese entonces no había él negado aún toda obediencia a Dios. Aunque había abandonado su puesto de querubín cubridor, habría sido no obstante restablecido en su oficio si, reconociendo la sabiduría del Creador, hubiese estado dispuesto a volver a Dios y si se hubiese contentado con ocupar el lugar que le correspondía en el plan de Dios. Pero el orgullo le impidió someterse. Se empeñó en defender su proceder insistiendo en que no necesitaba arrepentirse, y se entregó de lleno al gran conflicto con su Hacedor.

Desde entonces dedicó todo el poder de su gran inteligencia a la tarea de engañar, para asegurarse la simpatía de los ángeles que habían estado bajo sus órdenes. Hasta el hecho de que Cristo le había prevenido y aconsejado fue desnaturalizado para servir a sus planes traidores.

A los que estaban más estrechamente ligados a él por el amor y la confianza, Satanás les hizo creer que había sido mal juzgado, que no se había respetado su posición y que se le quería coartar la libertad. Después de haber así desnaturalizado las palabras de Cristo, pasó a prevaricar y a mentir descaradamente, acusando al Hijo de Dios de querer humillarlo ante los habitantes del cielo. Además trató de crear una situación falsa entre sí mismo y los ángeles aún leales.

Pensamiento Final

Para la mayoría de nosotros, el asunto final siempre termina siendo el orgullo —un peligroso enfoque de nuestra atención al yo. Hitler era un loco que se ahogó en su propio orgullo —tal como Satanás. Aquí vemos las terribles profundidades a las que el orgullo llevará a una persona, pero los peligros del orgullo no son siempre tan fáciles de detectar para el infectado.

Las personas a menudo se aferran a sus opiniones por defensa a su honor —no quieren ser considerados ignorantes o simplemente bajo error. A veces la gente combate la verdad y, tal vez como los alemanes, se convencen de que las mentiras son la verdad.

Al igual que los alemanes, sin embargo, esta línea de pensamiento lleva a la infelicidad y al desaliento. Podemos engañar a aquellos alrededor nuestro pero finalmente no podemos engañarnos a nosotros mismos. Es por eso que cuando nos desprendemos del orgullo, y nos aferramos a la verdad de Dios, recibimos paz y sosego. Así que aléjese del orgullo, aceptemos la Palabra de Dios como la verdad, y separémonos de creencias tradicionales que nos dañarán si continuamos atesorándolas en orgullo egoísta.

11

El Mentiroso más Grande de Todos

EL RÉGIMEN Nazi tenía una máquina de propaganda incesante y altamente efectiva. Dr. Joseph Goebbels, el cerebro genial detrás de las imágenes proyectadas a los alemanes, sabía que la gente no quería oir las noticias sino ser entretenidas. El cine fue uno de los mejores recursos de Goebbels. Imágenes en color fueron empleadas para exaltar el poder militar de los nazis y miles de alemanes se reunieron a ver los mitins donde Hitler se dirigía a la cabeza de las sorprendentes escenas como excelente orador. Entre un mar de banderas rojas, las marchas y mitins colosales eran proyectadas con el mayor entusiasmo posible como evidencia del esplendor del Tercer Imperio. El objetivo era elevar el estado de ánimo y el patriotismo. Películas como Jud Suss, la historia de un judío que instigaba violaciones y torturas, entretenían a las audiencias mientras reforzaban el miedo creado por los estereotipos populares.

Los vehículos de la máquina de propaganda eran diversas y de amplia influencia. A través de la radio, televisión, periódicos y la *Juventud Hitler*, los nazis infiltraron cada aspecto de la vida. El ministerio de propaganda establecía los procedimientos para los periódicos, y los periodistas eran castigados si no seguían los reglamentos. El resultado era una imagen altamente exitosa de Hitler, conocido como el *Mito Hitleriano*, y la credibilidad del régimen nazi.

Desafortunadamente para los alemanes, gran parte de la información y perspeciva porporcionada sobre el mundo era errónea. El régimen nazi no era tan poderoso como parecía ser en la pantalla cinematográfica. Hitler no era un hombre humanitario, y los judíos —en vez de ser los instigadores de la tortura y la violación— eran las víctimas.

Por supuesto, los nazis no son los únicos en torcer y tergiversar los hechos para engañar. Tristemente, la primera máquina de propaganda comenzó a ponerse en acción hace ya miles de años.

Lucifer, el rebelde contra Dios, era un experto en engañar a otros. Desde entonces dedicó todo el poder de su gran inteligencia a la tarea de engañar, para asegurarse la simpatía de los ángeles que habían estado bajo sus órdenes. Hasta el hecho de que Cristo le había prevenido y aconsejado fue desnaturalizado para servir a sus pérfidos designios. A los que estaban más estrechamente ligados a él por el amor y la confianza, Satanás les hizo creer que había sido mal juzgado, que no se había respetado su posición y que se le quería coartar la libertad.

Después de haber así desnaturalizado las palabras de Cristo, pasó a prevaricar y a mentir descaradamente, acusando al Hijo de Dios de querer humillarlo ante los habitantes del cielo. Además trató de crear una situación falsa entre sí mismo y los ángeles aún leales. Acusó a los que permanecían fieles a Dios, de aquello mismo que estaba haciendo. Y para sostener contra Dios la acusación de injusticia para con él, recurrió a una falsa presentación de las palabras y de los actos del Creador. Su política consistía en confundir a los ángeles con argumentos sutiles acerca de los designios de Dios.

Todo lo sencillo lo envolvía en misterio, y valiéndose de artera perversión, hacía nacer dudas respecto a las declaraciones más terminantes de Jehová. Su posición elevada y su estrecha relación con la administración divina, daban mayor fuerza a sus representaciones, y muchos ángeles fueron inducidos a unirse con él en su rebelión contra la autoridad celestial.

Dios permitió en su sabiduría que Satanás prosiguiese su obra hasta que el espíritu de desafecto se convirtiese en activa rebeldía. Era necesario que sus planes se desarrollaran por completo para que su naturaleza y sus tendencias quedaran a la vista de todos.

Lucifer, como querubín ungido, había sido grandemente exaltado; era muy amado de los seres celestiales y ejercía poderosa influencia sobre ellos. El gobierno de Dios no incluía sólo a los habitantes del cielo sino también a los de todos los mundos que él había creado; y Satanás pensó que si podía arrastrar a los ángeles del cielo en su rebeldía, podría también arrastrar a los habitantes de los demás mundos. Había presentado arteramente su manera de ver la cuestión, valiéndose de sofismas y fraude para conseguir sus fines. Tenía gran poder para engañar, y al usar su disfraz de mentira había obtenido una ventaja. Ni aun los ángeles leales podían discernir plenamente su carácter ni ver adónde conducía su obra.

Satanás había sido tan altamente honrado, y todos sus actos estaban tan revestidos de misterio, que era difícil revelar a los ángeles la verdadera naturaleza de su obra. Antes de su completo desarrollo, el pecado no podía aparecer como el mal que era en realidad. Hasta entonces no había existido en el universo de Dios, y los seres santos no tenían idea de su naturaleza y malignidad. No podían ni entrever las terribles consecuencias que resultarían de poner a un lado la ley de Dios.

Al principio, Satanás había ocultado su obra bajo una astuta profesión de lealtad para con Dios. Aseveraba que se desvelaba por honrar a Dios, afianzar su gobierno y asegurar el bien de todos los habitantes del cielo. Mientras difundía el descontento entre los ángeles que estaban bajo sus órdenes, aparentaba hacer cuanto le era posible porque desapareciera ese mismo descontento.

Tácticas Sucias

En su actitud para con el pecado, Dios no podía sino obrar con justicia y verdad. Satanás podía hacer uso de armas de las cuales Dios no podía valerse: la adulación y el engaño. Satanás había tratado de falsificar la Palabra de Dios y había representado de un modo falso su plan de gobierno ante los ángeles, sosteniendo que Dios no era justo al imponer leyes y reglas a los habitantes del cielo; que al exigir de sus criaturas sumisión y obediencia, sólo estaba buscando su propia gloria.

Por eso debía ser puesto de manifiesto ante los habitantes del cielo y ante los de todos los mundos, que el gobierno de Dios era justo y su ley perfecta. Satanás había dado a entender que él mismo trataba de promover el bien del universo. Todos debían llegar a comprender el verdadero carácter del usurpador y el propósito que le animaba. Había que dejarle tiempo para que se diera a conocer por sus actos de maldad.

Aun cuando quedó resuelto que Satanás no podría permanecer por más tiempo en el cielo, la Sabiduría Infinita no le destruyó. En vista de que sólo el servicio de amor puede ser aceptable a Dios, la sumisión de sus criaturas debe proceder de una convicción de su justicia y benevolencia.

Los habitantes del cielo y de los demás mundos, no estando preparados para comprender la naturaleza ni las consecuencias del pecado, no podrían haber reconocido la justicia y misericordia de Dios en la destrucción de Satanás.

De haber sido éste aniquilado inmediatamente, aquellos habrían servido a Dios por miedo más bien que por amor. La influencia del seductor no habría quedado destruida del todo, ni el espíritu de rebelión habría sido extirpado por completo.

Para bien del universo entero a través de las edades sin fin, era preciso dejar que el mal llegase a su madurez, y que Satanás desarrollase más completamente sus principios, a fin de que todos los seres creados reconociesen el verdadero carácter de los cargos que arrojara él contra el gobierno divino y a fin de que quedaran para siempre incontrovertibles la justicia y la misericordia de Dios, así como el carácter inmutable de su ley.

Pensamiento Final

La máquina de propaganda de Satanás todavía funciona a toda marcha. Si no fuese así, no estaríamos tan confundidos acerca de las cosas de Dios y yo no tendría tanta dificultad con lo que le sucedió a mi sobrina. Pero el hecho es que las mentiras nos vienen todo el tiempo.

Los sentimientos siempre son la voz más ruidosa en el salón. Demandan nuestra atención y confianza porque aparentan tener el valor para ponerse en pie y se arriesgan por lo que creen. ¿Por qué necesitarían mentir? Pero observe el caso de los ángeles que siguieron al diablo. . . ellos escucharon la voz ruidosa y ahora es demasiado tarde para ellos.

Pero no es demasiado tarde para nosotros. Dios no es normalmente la persona más escandalosa de la habitación, aunque desde luego podría serlo. En contraste, Él nos ofrece Su Palabra para el estudio silencioso, siempre tratando de tocar nuestro razón. Sobrepasemos a la propaganda estudiando la Palabra de Dios juntos.

12

Porqué Dios
Permitió el Pecado

EL 6 DE AGOSTO de 1945, a las 8:16 a.m., la bomba atómica Fat Man explotó sobre Hiroshima, Japón. Lanzada desde el Enola Gay, con el equivalente enérgico de 20.000 toneladas de TNT, todo lo que había dentro de un radio de cuatro millas cuadradas fue destruido totalmente. Desde entonces, la decisión de dejar caer la primera bomba atómica ha sido debatida. Los defensores argumentan que la bomba acortó la guerra y salvó miles de vidas americanas. Las proyecciones de muertes al invadir el continente japonés llegaron a los cientos de miles. Los opositores, opinan que fue un uso innecesario de poder destructor que mató a civiles.

Sin embargo, hubo factores adicionales que contribuyeron al uso del *Fat Man,* y más tarde *Little Boy* en Nagasaki, incluyendo un público americano cansado de la guerra y deseoso por verla terminar rápidamente. Además, el presidente Truman quiso dar a Rusia —en aquel entonces a la cazería de trofeos de guerra— algo en qué pensar. Aún así, el mayor factor pudo haber sido que Truman simplemente no tenía realmente otra buena opción en su "arsenal."

Como el gobierno japonés estaba profundamente dividido sobre el tema de la resistencia continua, los miembros pro-guerra del gabinete de Truman insistían que Japón podría desplegar una defensa exitosa en su continente. No existía ninguna garantía de que los japoneses dejarían de luchar. El derramamiento de sangre sería inevitable. Así que se escogió la bomba.

Obviamente, el debate sobre el ataque de Hiroshima pedurará por siempre. Pero con o sin bomba, cierto grado de carnicería y sufrimiento era inevitable.

Dios y sus huestes celestiales también estuvieron bajo ataque por Lucifer y sus subordinados. El creador no quería una guerra, pero al mismo tiempo, él tenía que proteger Su Reino de ese poder cruel y engañoso.

Las opciones que tenía Truman para acabar con la guerra habrían resultado en el derramamiento de sangre. Asimismo, cuando la rebelión se fomentó en cielo, cada opción a la disposición de Dios parecía traer consigo alguna clase de tragedia.

La Única Opción

Aun cuando quedó resuelto que Satanás no podría permanecer por más tiempo en el cielo, la Sabiduría Infinita no le destruyó. En vista de que sólo un servicio de amor puede ser aceptable a Dios, la sumisión de sus criaturas debe proceder de una convicción de su justicia y benevolencia. De haber sido éste aniquilado inmediatamente, aquéllos habrían servido a Dios por miedo más bien que por amor. La influencia del seductor no habría quedado destruida del todo, ni el espíritu de rebelión habría sido extirpado por completo.

Para bien del universo entero a través de las edades sin fin, era preciso dejar que el mal llegase a su madurez, y que Satanás desarrollase más completamente sus principios, a fin de que todos los seres creados reconociesen el verdadero carácter de los cargos que arrojara él contra el gobierno divino y a fin de que quedaran para siempre incontrovertibles la justicia y la misericordia de Dios, así como el carácter inmutable de su ley.

La rebeldía de Satanás, cual testimonio perpetuo de la naturaleza y de los resultados terribles del pecado, debía servir de lección al universo en todo el curso de las edades futuras. La obra del gobierno de Satanás, sus efectos sobre los hombres y los ángeles, harían patentes los resultados del desprecio de la autoridad divina. Demostrarían que de la existencia del gobierno de Dios y de su ley depende el bienestar de todas las criaturas que él ha formado.

De este modo la historia del terrible experimento de la rebeldía, sería para todos los seres santos una salvaguardia eterna destinada a precaverlos contra todo engaño respecto a la índole de la transgresión, y a guardarlos de cometer pecado y de sufrir el castigo consiguiente.

El gran usurpador siguió justificándose hasta el fin mismo de la controversia en el cielo. Cuando se dio a saber que, con todos sus secuaces, iba a ser expulsado de las moradas de la dicha, el jefe rebelde declaró audazmente su desprecio de la ley del Creador. Reiteró su aserto de que los ángeles no necesitaban sujeción, sino que debía dejárseles seguir su propia voluntad, que los dirigiría siempre bien. Denunció los estatutos divinos como restricción de su libertad y declaró que el objeto que él perseguía era asegurar la abolición de la ley para que, libres de esta traba, las huestes del cielo pudiesen alcanzar un grado de existencia más elevado y glorioso.

De común acuerdo Satanás y su hueste culparon a Cristo de su rebelión, declarando que si no hubiesen sido censurados, no se habrían rebelado. Así obstinados y arrogantes en su deslealtad, vanamente empeñados en trastornar el gobierno de Dios, al mismo tiempo que en son de blasfemia decían ser ellos mismos víctimas inocentes de un poder opresivo, el gran rebelde y todos sus secuaces fueron al fin echados del cielo.

¿Dónde Se Llevó a Cabo la Batalla?

El mismo espíritu que fomentara la rebelión en el cielo continúa inspirándola en la tierra. Satanás ha seguido con los hombres la misma política que siguiera con los ángeles. Su espíritu impera ahora en los hijos de desobediencia. Como él, tratan éstos de romper el freno de la ley de Dios, y prometen a los hombres la libertad mediante la transgresión de los preceptos de aquélla. La reprensión del pecado despierta aún el espíritu de odio y resistencia.

Cuando los mensajeros que Dios envía para amonestar tocan a la conciencia, Satanás induce a los hombres a que se justifiquen y a que busquen la simpatía de otros en su camino de pecado. En lugar de enmendar sus errores, despiertan la indignación contra el que los reprende, como si éste fuera la única causa de la dificultad. Desde los días del justo Abel hasta los nuestros, tal ha sido el espíritu que se ha manifestado contra quienes osaron condenar el pecado.

Mediante la misma falsa representación del carácter de Dios que empleó en el cielo, para hacerle parecer severo y tiránico, Satanás indujo al hombre a pecar. Y logrado esto, declaró que las restricciones injustas de Dios habían sido causa de la caída del hombre, como lo habían sido de su propia rebeldía.

Pero el mismo Dios eterno da a conocer así su carácter: "¡Jehová, Jehová, Dios compasivo y clemente, lento en iras y grande en misericordia y en fidelidad: que usa de misericordia hasta la milésima generación; que perdona la iniquidad, la transgresión y el pecado, pero que de ningún modo tendrá por inocente al rebelde!" (Éxodo 34:6, 7, V.M.)

Al echar a Satanás del cielo, Dios hizo patente su justicia y mantuvo el honor de su trono. Pero cuando el hombre pecó cediendo a las seducciones del espíritu apóstata, Dios dio una prueba de su amor, consintiendo en que su Hijo unigénito muriese por la raza caída.

El carácter de Dios se pone de manifiesto en el sacrificio expiatorio de Cristo. El poderoso argumento de la cruz demuestra a todo el universo que el gobierno de Dios no era de ninguna manera responsable del camino de pecado que Lucifer había escogido.

¿Quién Ganó la Batalla?

El carácter del gran engañador se mostró tal cual era en la lucha entre Cristo y Satanás, durante el ministerio terrenal del Salvador. Nada habría podido desarraigar tan completamente las simpatías que los ángeles celestiales y todo el universo leal pudieran sentir hacia Satanás, como su guerra cruel contra el Redentor del mundo.

Su petición atrevida y blasfema de que Cristo le rindiese homenaje, su orgullosa presunción que le hizo transportarlo a la cúspide del monte y a las almenas del templo, la intención malévola que mostró al instarle a que se arrojara de aquella vertiginosa altura, la inquina implacable con la cual persiguió al Salvador por todas partes, e inspiró a los corazones de los sacerdotes y del pueblo a que rechazaran su amor y a que gritaran al fin: "¡Crucifícale! ¡Crucifícale!"— todo esto, despertó el asombro y la indignación del universo.

Fue Satanás el que impulsó al mundo a rechazar a Cristo. El príncipe del mal hizo cuanto pudo y empleó toda su astucia para matar a Jesús, pues vio que la misericordia y el amor del Salvador, su compasión y su tierna piedad estaban representando ante el mundo el carácter de Dios. Satanás disputó todos los asertos del Hijo de Dios, y empleó a los hombres como agentes suyos para llenar la vida del Salvador de sufrimientos y penas.

Los fuegos concentrados de la envidia y de la malicia, del odio y de la venganza, estallaron en el Calvario contra el Hijo de Dios, mientras el cielo miraba con silencioso horror.

Consumado ya el gran sacrificio, Cristo subió al cielo, rehusando la adoración de los ángeles, mientras no hubiese presentado la petición: "Padre, aquellos que me has dado, quiero que donde yo estoy, ellos estén también conmigo" (Juan 17:24). Entonces, con amor y poder indecibles, el Padre respondió desde su trono: "Adórenle todos los ángeles de Dios" (Hebreos 1:6). No había ni una mancha en Jesús. Acabada su humillación, cumplido su sacrificio, le fue dado un nombre que está por encima de todo otro nombre.

Pensamiento Final

A veces el amor duele. Mis propios hijos han sufrido por sus propios errores. Aunque parezca raro, preferiría que sufrieran y aprendieran de sus equivocaciones. Me alegro de haber sufrido por causa de mis propios errores para que nunca vaya a volver a repetirlos.

Esta no es una metáfora perfecta para ilustrar porqué Dios permitió el pecado, pero es bastante buena. Ciertamente el verdadero amor no se impone a sí mismo ni miente —lea la primera epístola de Pablo a los Corintios en el capítulo 13, y recuerde que Dios es amor mientras la lee. Dios sabe que sólo amor verdadero como este durará eternamente. Si Él nos impone su voluntad, aún si estuviera perfectamente en lo correcto, nadie podría seguirle por amor —sólo por miedo. Por eso es que Él quiere que nosotros escogamos la justicia, tal como quería que Lucifer escogiera la justicia. Él desea nuestro amor y respeto, no nuestro miedo.

Cuando somos mal entendidos, queremos que todos sepan la verdad sobre nosotros. Sin embargo, cuando algunas personas no confían en nosotros, a veces necesitamos dejar que su percepción errónea siga su curso. Dios es amor, pero Satanás y el hombre no confiaron en Él. Dios está permitiendo que el error de Satanás continúe su curso, de modo que podamos ver el por qué, a la larga, su engaño no triunfará. Él está dejando que el mal tome su curso completo.

13

Desenmascarando
a Satanás

FERNANDO WALDO Demera junior, hecho famoso por la película biográfica *The Great Imposter* (El Gran Impostor), tenía que haber vivido uno de los mayores fraudes del mundo. Durante los años 50, Demera trabajó como profesor, cirujano, monje, maestro de escuela, y carcelero —todo esto mientras teniendo al FBI siguiéndole la pista.

Lo que hizo la pintoresca carrera de Demera verdaderamente asombrosa fue que no estaba ni entrenado ni calificado en ninguna de estas profesiones que ejerció. El fraude de Demera fue descubierto después que recibió publicidad por una cirugía de emergencia efectuada durante la guerra con Corea. Cuando la noticia apareció en los periódicos canadienses, el Dr. Joseph Cyr, médico cuyas credenciales Demera había tomado "prestadas", empezó a hacer investigar.

Demera fue expulsado de la marina canadiense. Extrañamente, no existe ningún registro de otro castigo aplicado. Demera concluyó su carrera colorida como un ministro del evangelio. Irónicamente, nunca fue acusado de ser un impostor en este ámbito.

Mientras que podría parecer injusto comparar a un mortal como Demera con el diablo, los dos sí tienen algo en común. Demera pudo haber sido "El Gran Impostor", pero Lucifer es el impostor más grande que el universo haya conocido.

Satanás era tal experto en distorsionar a las cosas y crear la apariencia que la culpa era de Dios que aun después de la caída del hombre muchos ángeles celestiales estaban todavía confusos en cuanto a los temas envueltos. No fue hasta el evento de la cruz que Satanás reveló su verdadero carácter. Entonces fue cuando la culpabilidad de Satanás se destacó como nunca antes. Los ángeles de Dios y los mundos observantes lo vieron tal y como era realmente: un mentiroso y asesino.

Se echó de ver que el mismo espíritu con el cual él gobernaba a los hijos de los hombres que estaban bajo su poder, lo habría manifestado en el cielo si hubiese podido gobernar a los habitantes de éste. Había aseverado que la transgresión de la ley de Dios traería consigo libertad y ensalzamiento; pero lo que trajo en realidad fue servidumbre y degradación.

Los falsos cargos de Satanás contra el carácter del gobierno divino aparecieron en su verdadera luz. Él había acusado a Dios de buscar tan sólo su propia exaltación con las exigencias de sumisión y obediencia por parte de sus criaturas, y había declarado que mientras el Creador exigía que todos se negasen a sí mismos él mismo no practicaba la abnegación ni hacia sacrificio alguno

Entonces se vio que para salvar una raza caída y pecadora, el Legislador del universo había hecho el mayor sacrificio que el amor pudiera inspirar, pues "Dios estaba en Cristo reconciliando el mundo a sí." (2 Corintios 5:19) Vióse además que mientras Lucifer había abierto la puerta al pecado debido a su sed de honores y supremacía, Cristo, para destruir el pecado, se había humillado y hecho obediente hasta la muerte.

Dios había manifestado cuánto aborrece los principios de rebelión. Todo el cielo vio su justicia revelada, tanto en la condenación de Satanás como en la redención del hombre.

Lucifer había declarado que si la ley de Dios era inmutable y su penalidad irremisible, todo transgresor debía ser excluido para siempre de la gracia del Creador. Él había sostenido que la raza pecaminosa se encontraba fuera del alcance de la redención y era por consiguiente presa legítima suya.

Pero la muerte de Cristo fue un argumento irrefutable en favor del hombre. La penalidad de la ley caía sobre él que era igual a Dios, y el hombre quedaba libre de aceptar la justicia de Dios y de triunfar del poder de Satanás mediante una vida de arrepentimiento y humillación, como el Hijo de Dios había triunfado. Así Dios es justo, al mismo tiempo que justifica a todos los que creen en Jesús.

¿Qué Sucede Cuando Termina la Guerra?

En la ejecución final del juicio se verá que no existe causa para el pecado. Cuando el Juez de toda la Tierra pregunte a Satanás: "¿Por qué te rebelaste contra mí y arrebataste súbditos de mi reino?" el autor del mal no podrá ofrecer excusa alguna. Toda boca permanecerá cerrada, todas las huestes rebeldes quedarán mudas.

Mientras la cruz del Calvario proclama el carácter inmutable de la ley, declara al universo que la paga del pecado es muerte. El grito agonizante del Salvador: "Consumado es," fue el toque de agonía para Satanás. (Juan 19:30)

Fue entonces cuando quedó decidido el gran conflicto que había durado tanto tiempo y asegurada la extirpación final del mal. El Hijo de Dios atravesó los umbrales de la tumba, "para destruir por la muerte al que tenía el imperio de la muerte, es a saber, al diablo." (Hebreos 2:14)

El deseo que Lucifer tenía de exaltarse a sí mismo le había hecho decir: "¡Sobre las estrellas de Dios ensalzaré mi trono, ... seré semejante al Altísimo!" Dios declara: "Te torno en ceniza sobre la tierra, ... y no existirás más para siempre." (Isaías 14:13, 14; Ezequiel 28:18, 19, V.M.)

Eso será cuando venga "el día ardiente como un horno; y todos los soberbios, y todos los que hacen maldad, serán estopa; y aquel día que vendrá, los abrasará, ha dicho Jehová de los ejércitos, el cual no les dejará ni raíz ni rama." (Malaquías 4:1)

Todo el universo habrá visto la naturaleza y los resultados del pecado. Y su destrucción completa que en un principio hubiese atemorizado a los ángeles y deshonrado a Dios, justificará entonces el amor de Dios y establecerá su gloria ante un universo de seres que se deleitarán en hacer su voluntad, y en cuyos corazones se encontrará su ley.

Nunca más se manifestará el mal. La Palabra de Dios dice: "No se levantará la aflicción segunda vez." (Nahum 1:9, V.M.)

La ley de Dios que Satanás atacó como yugo de servidumbre será honrada como ley de libertad. Después de haber pasado por tal prueba y experiencia, la creación no se desviará jamás de la sumisión a Aquel que se dio a conocer en sus obras como Dios de amor insondable y sabiduría infinita.

La Biblia dice que Dios no es el autor de la confusión. ¿Por qué es entonces que estamos tan confundidos acerca de lo que sucede cuando morimos? ¿Si no es el autor de la confusión, cómo es que tantas personas desconocen lo que le sucedió a Katie cuando murió? Aún la iglesia cristiana misma está en confusión. Betty Eadie cree que las almas siempre andan rondando, mientras que otros en la iglesia creen muy diferentemente.

¿No sería mejor para todos saber exactamente lo que sucede? Creo que sí. Conocer la verdad es tal vez el más alto ideal, porque permite que saquemos el mejor partido de nuestras vidas.

Es importante saber lo que usted acaba de leer porque ahora comprendemos por qué hay tanta confusión y por qué es importante buscar la verdad. Dios quiere que lo escuchemos y aceptemos la verdad, por eso el diablo está tan interesado en engañarnos.

Aparentemente, los engaños que Satanás usó en el cielo son los mismos que está usando para trampearnos a creer su interpretación de los eventos. En la guerra del cielo, Satanás convenció a ángeles inteligentes que vivían en la presencia de Dios a creer que el creador era un mentiroso. ¿Qué nivel de éxito tendría Satanás si intentara convencernos de que la Biblia dice no es fidedigna?

La muerte de un amado es una experiencia agotadora a nivel emocional. Es aquí donde somos más vulnerables y más incapaces de ser razonables. ¿Cómo podemos ser razonables cuando nuestro mundo se derriba alrededor nuestro? ¿Cómo podemos ser equilibrados cuando el mal está tomando las vidas de niñas pequeñas como Katie y dejando a padres con el corazón vacío?

Esta es exactamente la razón por la cual conocer la verdad es tan importante. De lo contrario, durante nuestros momentos más vulnerables, Satanás puede hacernos creer y hacer cualquier cosa mientras lo que dice suene consolador y sincero en tiempos de angustia.

Pero Dios quiere que sepamos la simple verdad, y Él nos ofrece la Biblia. Está claro que dentro de las páginas de la Biblia podemos construir un fundamento sólido que explica lo que sucede cuando morimos.

Pensamiento Final

Dios no es el autor de la confusión. Aunque conocerlo requiere esfuerzo, Él se hace perfectamente accesible a aquellos que le buscan honestamente. Si queremos realmente toda la verdad y ninguna mentira, debemos estudiar la Biblia en oración, entendiendo que llegamos a la verdad sobre cualquier tema estudiando toda la Biblia.

Lo mismo es cierto sobre la muerte. El diablo toma un versículo de la Palabra de Dios sobre la muerte y lo retuerce de modo que suene como la verdad. Esto puede evitarse si visitamos todos los versículos en la Biblia referentes al tema de la muerte y el alma, y permitimos que tomen su lugar.

Haciendo esto, desenmascaramos las mentiras de Satanás, y nos encontramos no sólo conociendo la verdad, pero teniendo vidas más llenas de paz y gozo.

14

¿Están Nuestros Amados entre Nosotros?

EL 31 DE MARZO de 1848, Kate Fox de 11 años de edad y Margaretta Fox, de 13 años de edad, emprendieron un camino que un día les llevó a ser consideradas las fundadoras del movimiento espiritista moderno. Las hermanas Fox son conocidas por el desarrollo de "spirit-raping", un sistema de códigos rítmicos en secuencia para transmitir mensajes al otro lado del velo espiritual.

Las hermanas Fox cautivaron a los residentes locales demostrando el fenómeno, y afirmaron estar comunicándose en su hogar con el previo inquilino ya difunto Charles Haynes. Según las hermanas Fox, el espíritu de Charles comunicó haber sido asesinado y enterrado bajo la casa. La historia alcanzó su clímax cuando sus huesos fueron encontrados donde el espíritu dijo lo habían puesto. Las dos hermanas llegaron a la fama de la noche a la mañana. El movimiento espiritista arrasó al mundo como fuego durante un verano seco gracias en parte a P.T. Barnum.

Las hermanas Fox eventualmente sostuvieron bastantes críticas. Vinieron tiempos difíciles y en 1888 renunciaron sus declaraciones asertando tener poderes especiales. Durante una época hasta llegaron a declarar que habían engañado a todos simplemente tronando los dedos de sus pies para imitar el código de comunicación de los muertos. Un año más tarde, las hermanas retiraron esa declaración.

Escépticos dicen que las hermanas murieron como alcohólicas indigentes y que no eran nada más que fraudes sacando provecho de personas crédulas. Los creyentes todavía mantienen la veracidad de la historia original de las hermanas. El espiritismo de hoy tiene cientos de miles de seguidores cuyos orígenes proceden de las hermanas Fox.

Si las hermanas Fox negaron sus previas afirmaciones o no las negaron, realmente no viene al caso. Se puede retractar una declaración por muchas razones; dinero, desconcierto y fama, entre otras. El punto es determinar si lo que afirmaron que sucedió realmente puede suceder.

¿Pueden los muertos hablar con nosotros? ¿Tienen el poder para ir más allá del cielo como los ángeles y afectar nuestras vidas? ¿Podemos seguir viviendo después de morir? Otra pregunta que yo tenía era que si los muertos realmente pueden comunicarse con nosotros, ¿por qué no nos hablan directamente? ¿Deben ser filtrados siempre a través de cierto especialista espiritual, especialmente cuando se trata de situaciones muy privadas y personales? ¿Es justo que Dios permita a mis seres queridos aparecer y comunicarse con otra persona cuando podrían hablar fácilmente directamente conmigo?

Después de la muerte de Katie, la comunidad local organizó un servicio conmemorativo donde plantaron un árbol en su honor. Una dama que afirmó haber estado en comunicación con Katie se presentó al servicio y consiguió acercarse a Gary, el apesadumbrando padre de Katie.

Durante cierto punto de la conversación, esta dama misteriosa señaló hacia donde Wendell y Linda (los suegros de Gary) estaban parados y preguntó: "Gary, ¿quién es esa señora parada junto a ese hombre (Wendell) con la camisa de algodón?" "Esa es su esposa Linda", contestó Gary.

"No," dijo la dama, "la otra señora de cabello gris con la espalda curvada."

Gary esforzó sus ojos por ver mejor a través de la habitación pero sin ver a nadie de tal descripción. Sin embargo, la descripción le recordó a la madre de Wendell, la abuela Scott. La dama, que era médium espiritista, le comentó a Gary que había visto lo que le sucedió a Katie justo antes del accidente. Según ella, la misma señora de cabello gris que ahora estaba junto a Wendell estuvo presente durante el accidente alargando su mano a Katie. Extendiendo su brazo, Katie tomó la mano de la señora anciana y se fue con ella al cielo.

Esta historia suena maravillosamente prometedora. Pero yo me pregunto: ¿por qué y cómo llegó esa médium a ver algo que a mí me hubiera gustado ver y que a ella realmente no le concernía?

La próxima pregunta es aún más importante. ¿Cómo podemos saber realmente si estaba diciendo la verdad? Ya que la médium no conocía personalmente a Katie ni a la abuela Scott, ¿cómo podría Gary saber a quién realmente estaba viendo la dama? Gary y Heidi sólo habían conozido a esta mujer después de la muerte de Katie. ¿Era ella una persona benigna con un mensaje verdaderamente de Dios, o estaba preparando cierto engaño?

Hemos llegado al punto donde descubrimos, por medio de la Biblia, exactamente lo que le sucede a nuestros queridos cuando mueren y cómo se relacionan con nosotros. Este es el lugar donde mi viaje para descubrir lo que le sucedió a mi querida sobrina llega a su fin. Mis preguntas serían contestadas, y el asunto podría resolverse. No más confusión o preocupación. El viaje hasta este punto ha sido bien provechoso porque hemos construido un fundamento en el que podemos basarnos: la Biblia. Hemos llegado a un punto donde una respuesta es ahora necesaria e inevitable.

¿Qué le sucedió a Katie cuando murió? ¿Estará con los ángeles en el cielo? ¿Estará mirando desde arriba a sus amados? Necesitaremos viajar un poco más juntos y hallar algunas verdades asombrosas. Las respuestas a estas preguntas se aclararán mientras continúa leyendo.

15

¿Engañado acerca de la Muerte?

DESDE los principios de historia del hombre, Satanás se esforzó para engañar a nuestra raza. Él que había incitado rebelión en el cielo deseaba que los habitantes de la Tierra se unieran a él en su contienda armada contra el gobierno de Dios. Adán y Eva habían sido perfectamente felices mientras obedecieron a la ley de Dios. Esto constituía un testimonio permanente contra la declaración que Satanás había hecho en el cielo, de que la ley de Dios era un instrumento de opresión y contraria al bien de sus criaturas. Además, la envidia de Satanás se despertó al ver la hermosísima morada preparada para la inocente pareja. Resolvió hacer caer a ésta para que, una vez separada de Dios y arrastrada bajo su propio poder, pudiese él apoderarse de la tierra y establecer allí su reino en oposición al Altísimo.

Si Satanás se hubiese presentado en su verdadero carácter, habría sido rechazado en el acto, pues Adán y Eva habían sido prevenidos contra este enemigo peligroso; pero Satanás trabajó en la oscuridad, encubriendo su propósito a fin de poder realizar mejor sus fines

Valiéndose de la serpiente, que era entonces un ser de fascinadora apariencia, se dirigió a Eva, diciéndole: "¿Conque Dios os ha dicho: no comáis de todo árbol del huerto?" (Génesis 3:1) Si Eva hubiese rehusado entrar en discusión con el tentador, se habría salvado; pero ella se aventuró a alegar con él y entonces fue víctima de sus artificios. Así es como muchas personas son aún vencidas. Dudan y discuten respecto a la voluntad de Dios, y en lugar de obedecer sus mandamientos, aceptan teorías humanas que no sirven más que para encubrir los engaños de Satanás.

¿Cuál Fue la Primera Mentira del Diablo a los Humanos?

Y respondió la mujer a la serpiente: Del fruto de los árboles del jardín bien podemos comer: más del fruto del árbol que está en medio del jardín, ha dicho Dios: No comeréis de él, ni lo tocaréis, no sea que muráis. Entonces dijo la serpiente a la mujer: De seguro que no moriréis; antes bien, sabe Dios que en el día que comiereis de él, vuestros ojos serán abiertos, y seréis como Dios, conocedores del bien y del mal." (Genesis 3:2-5 V.M.) La serpiente declaró que se volverían como Dios, que tendrían más sabiduría que antes y que serían capaces de entrar en un estado superior de existencia. Eva cedió a la tentación, y por influjo suyo Adán fue inducido a pecar. Ambos aceptaron la declaración de la serpiente de que Dios no había querido decir lo que había dicho; desconfiaron de su Creador y se imaginaron que les estaba cortando la libertad y que podían ganar gran caudal de sabiduría y mayor elevación quebrantando su ley.

Pero ¿cómo comprendió Adán, después de su pecado, el sentido de las siguientes palabras: "En el día que comieres de él de seguro morirás"? ¿Comprendió que significaban lo que Satanás le había inducido a creer, que iba a ascender a un grado más alto de existencia? De haber sido así, habría salido ganando con la transgresión, y Satanás habría resultado en bienhechor de la raza.

Pero Adán comprobó que no era tal el sentido de la declaración divina. Dios sentenció al hombre, en castigo por su pecado, a volver a la tierra de donde había sido tomado: "Polvo eres, y al polvo serás tornado." (Vers. 19) Las palabras de Satanás: "Vuestros ojos serán abiertos" resultaron ser verdad pero sólo del modo siguiente: después de que Adán y Eva hubieron desobedecido a Dios, sus ojos fueron abiertos y pudieron discernir su locura; conocieron entonces lo que era el mal y probaron el amargo fruto de la transgresión.

¿Qué es el Árbol de la Vida?

En medio del Edén crecía el árbol de la vida, cuyo fruto tenía el poder de perpetuar la vida, si Adán hubiese permanecido obediente a Dios, habría seguido gozando de libre acceso a aquel árbol y habría vivido eternamente. Pero en cuanto hubo pecado, quedó privado de comer del árbol de la vida y sujeto a la muerte. La sentencia divina: "Polvo eres, y al polvo serás tornado," entraña la extinción completa de la vida.

La inmortalidad prometida al hombre a condición de que obedeciera, se había perdido por la transgresión. Adán no podía transmitir a su posteridad lo que ya no poseía; y no habría quedado esperanza para la raza caída, si Dios, por el sacrificio de su Hijo, no hubiese puesto—la inmortalidad a su alcance.

Como "la muerte así pasó a todos los hombres, pues que todos pecaron,"Cristo "sacó a la luz la vida y la inmortalidad por el evangelio." (Romanos 5:12; 2 Timoteo 1:10) Y sólo por Cristo puede obtenerse la inmortalidad. Jesús dijo: "El que cree en el Hijo, tiene vida eterna, más el que es incrédulo al Hijo, no verá la vida." (Juan 3:36) Todo hombre puede adquirir un bien tan inestimable si consiente en someterse a las condiciones necesarias. Todos "los que perseverando en bien hacer, buscan gloria y honra e inmortalidad," recibirán "la vida eterna." (Romanos 2:7)

El único que prometió a Adán la vida en la desobediencia fue el gran seductor. Y la declaración de la serpiente a Eva en Edén. — "De seguro que no moriréis"—fue el primer sermón que haya sido jamás predicado sobre la inmortalidad del alma. Y sin embargo esta misma declaración, fundada únicamente en la autoridad de Satanás, repercute desde los púlpitos de la cristiandad, y es recibida por la mayoría de los hombres con tanta prontitud como lo fue por nuestros primeros padres. A la divina sentencia: El alma que pecare, ésa morirá (Ezequiel 18:20), se le da el sentido siguiente: El alma que pecare, ésa no morirá, sino que vivirá eternamente. No puede uno menos que extrañar la rara infatuación con que los hombres creen sin mas ni más las palabras de Satanás y se muestran tan incrédulos a las palabras de Dios.

Inmediatamente después comenzar ha hacer sus asombrosas afirmaciones, Margaretta y Kate Fox hicieron su fortuna como médiums durante eventos públicos y consultas privadas disfrutando de de gran fama. Pero poco después de 5 años cayeron bajo el alcoholismo perdiendo su riqueza y creando mayor controversia al declarar que el fenómeno que las llevó a la fama era una farsa. Poco tiempo después de la pérdida de su fama, las dos hermanas fueron enterradas en una tumba para gente pobre.

Si al hombre, después de su caída, se le hubiese permitido tener libre acceso al árbol de la vida, habría vivido para siempre, y así el pecado se habría inmortalizado. Pero un querubín y una espada que arrojaba llamas guardaban "el camino del árbol de la vida" (Génesis 3:24), y a ningún miembro de la familia de Adán le ha sido permitido salvar esta raya y participar de esa fruta de la vida. Por consiguiente no hay ni un solo pecador inmortal.

Pensamiento Final

Se nos dice constantemente que busquemos la verdad sobre nosotros mismos. Si entendemos un poco mejor quienes somos y de donde venimos podremos entender hacia donde vamos.

Este capítulo ha revelado bastante acerca de quienes somos realmente para así desenmascarar una de las mentiras más peligrosas de Satanás. Sin embargo, le animo a que nunca se conforme con sólo una respuesta. No importa lo satisfecho que se sienta, busque por sí mismo. Tal como usted haría al comprar un automóvil o una casa, investigue antes de hacer una compra.

¿Cuánto más importante es su propia alma? Verifique todo lo que vea y oiga con lo que dice la Biblia. Descubra los hechos y entonces tome su decisión. Si busca la verdad, ésta es la única manera de encontrarla.

Y recuerde que la miseria ama la compañía. Un diablo miserable está haciendo todo lo que puede para hacerle sentirse satisfecho con el propósito de engañarlo y luego hacer que se sienta miserable. ¡No caiga en la red!

16

La Verdad sobre el Infierno

LA GRAN mayoría de fieles creyentes que van a la iglesia nunca han oído el sermón que llevó a Jonathan Edwards a la fama. Edwards era un predicador puritano de renombre, filósofo, teólogo y figura intelectual de la América colonial. Graduado de la Universidad de Yale a la edad de 17 años, se convirtió en predicador como su padre y abuelo, y es hoy considerado un titán teológico merecedor de un lugar entre grandes como San Agustín, Lutero y Calvino.

Su famoso sermón de seis horas Sinners in the Hands of an Angry God (Pecadores en manos de un Dios airado), fue ofrecido durante la época del famoso reavivamiento The Great Awakening (El Gran Despertar). En aquel entonces de la historia de los Estados Unidos de Norteamérica el reavivamiento estaba barriendo el continente y miles venían a Cristo a diario. Unos 250 años después, el sermón de Edward es generalmente reconocido como uno de los mejores sermones que alguna vez se hayan predicado en el continente norteamericano.

Asombrosamente, Edwards no era un orador carismático —simplemente leía sus sermones. Sin embargo creía que para que los pecadores perdidos vinieran a Cristo, debían primero comprender el estado desesperado en el que se encontraban y las consecuencias horrendas y eternas que les aguardaban. Ese día, Edwards hizo que muchos de sus oyentes se dieran cuenta de esto con un "efecto notable." Tal era el poder y la pasión de sus palabras que gemidos y llantos llenaban el santuario y personas se desmayaban mientras hablaba.

Usando las palabras infierno, fuego y azufre generosamente a lo largo de su sermón, Edwards proporcionó una base convincente para sus imponentes metáforas gráficas. Como consecuencia, su sermón transmitió un sentido de urgencia raramente escuchado en los púlpitos de hoy.

En su famoso sermón, Jonathan Edwards consiguió que todos

fueran a sus casas pensando que el infierno era un lugar eternamente terrible . . . un lugar a temer y evitar a toda costa. Sus ilustraciones verbales del tormento, la venganza y el juicio fueron suficientes para llevar a una congregación entera al llanto y a un sentimiento de angustia sobre su terrible destino.

Mientras que Dios usa a ministros tal como Edwards para despertar a los cristianos de su tibia indiferencia, Satanás es un experto en retorcer la verdad para distorsionar el carácter de Dios. El diablo es especialmente habilidoso cuando se trata de engañar a las personas acerca de la muerte, el tormento eterno y la inmortalidad.

Las Imágenes Proyectadas por el Diablo

Después de la caída, Satanás ordenó a sus ángeles que hicieran un esfuerzo especial para inculcar la creencia de la inmortalidad natural del hombre; y después de haber inducido a la gente a aceptar este error, debían llevarla a la conclusión de que el pecador viviría en penas eternas.

Ahora el príncipe de las tinieblas, obrando por conducto de sus agentes, representa a Dios como un tirano vengativo, y declara que arroja al infierno a todos aquellos que no le agradan, que les hace sentir eternamente los efectos de su ira, y que mientras ellos sufren tormentos indecibles y se retuercen en las llamas eternas, su Creador los mira satisfecho.

Así es como el gran enemigo reviste con sus propios atributos al Creador y Bienhechor de la humanidad. La crueldad es satánica. Dios es amor, y todo lo que él creó era puro, santo, y amable, hasta que el pecado fue introducido por el primer gran rebelde.

Satanás mismo es el enemigo que tienta al hombre y lo destruye luego si puede; y cuando se ha adueñado de su víctima se alaba de la ruina que ha causado. Si ello le fuese permitido prendería a toda la raza humana en sus redes. Si no fuese por la intervención del poder divino, ni hijo ni hija de Adán escaparían.

Hoy día Satanás está tratando de vencer a los hombres, como venció a nuestros primeros padres, debilitando su confianza en el Creador e induciéndoles a dudar de la sabiduría de su gobierno y de la justicia de sus leyes.

El Máximo Engañador

Satanás y sus emisarios representan a Dios como peor que ellos, para justificar su propia perversidad y su rebeldía. El gran seductor se esfuerza en atribuir su propia crueldad a nuestro Padre celestial, a fin de darse por muy perjudicado con su expulsión del cielo por no haber querido someterse a un soberano tan injusto.

Presenta al mundo la libertad de que gozaría bajo su dulce cetro, en contraposición con la esclavitud impuesta por los severos decretos de Jehová. Es así como logra sustraer a las almas de la sumisión a Dios.

¡Cuán repugnante a todo sentimiento de amor y de misericordia y hasta a nuestro sentido de justicia es la doctrina según la cual después de muertos los impíos son atormentados con fuego y azufre en un infierno que arde eternamente, y por los pecados de una corta vida terrenal deben sufrir tormentos por tanto tiempo como Dios viva! Sin embargo, esta doctrina ha sido enseñada muy generalmente y se encuentra aún incorporada en muchos de los credos de la cristiandad.

Un sabio teólogo sostuvo: "El espectáculo de los tormentos del infierno aumentará para siempre la dicha de los santos. Cuando vean a otros seres de la misma naturaleza que ellos y que nacieron en las mismas circunstancias, cuando los vean sumidos en semejante desdicha, mientras que ellos estén en tan diferente situación, sentirán en mayor grado el goce de su felicidad."

Otro dijo lo siguiente: "Mientras que la sentencia de reprobación se esté llevando a efecto por toda la eternidad sobre los desgraciados que sean objeto de la ira, el humo de sus tormentos subirá eternamente también a la vista de los que sean objeto de misericordia, y que, en lugar de compadecerse de aquéllos, exclamarán: ¡Amén! ¡Aleluya! ¡Alabad al Señor!"

¿En qué página de la Palabra de Dios se puede encontrar semejante enseñanza? ¿Los rescatados no sentirán acaso en el cielo ninguna compasión y ni siquiera un leve asomo de humanidad? ¿Habrán quedado esos sentimientos por ventura substituídos por la indiferencia del estoico o la crueldad del salvaje?—No, mil veces no. No es ésa la enseñanza del Libro de Dios.

Los que presentan opiniones como las expresadas en las citas anteriores pueden ser sabios y aun hombres honrados; pero han sido engañados por los sofismas de Satanás. Él es quien los induce a desnaturalizar las enérgicas expresiones de las Sagradas Escrituras, dando al lenguaje bíblico un tinte de amargura y malignidad que es propio de él, Satanás, pero no de nuestro Creador. "¡Vivo yo! dice Jehová el Señor, que no me complazco en la muerte del inicuo, sino antes en que vuelva el inicuo de su camino y viva. Volveos, volveos de vuestros caminos malos, pues ¿por qué moriréis?" (Ezequiel 33:11)

¿Quiere Dios el Infierno?

¿Qué ganaría Dios con que creyéramos que él se goza en contemplar los tormentos eternos, que se deleita en oír los gemidos, los gritos de dolor y las imprecaciones de las criaturas a quienes mantiene sufriendo en las llamas del infierno?

¿Pueden acaso esas horrendas disonancias ser música para los oídos de Aquel que es amor infinito? Se alega que esas penas sin fin que sufren los malos demuestran el odio de Dios hacia el pecado, ese mal tan funesto a la paz y al orden del universo. ¡Oh, qué horrible blasfemia! ¡Como si el odio que Dios tiene al pecado fuese motivo para eternizar el pecado! Pues según las enseñanzas de esos mismos teólogos, los tormentos continuos y sin esperanza de misericordia enfurecen sus miserables víctimas, que al manifestar su ira con juramentos y blasfemias, aumentan continuamente el peso de su culpabilidad. La gloria de Dios no obtiene realce con que se perpetúe el pecado al través de los siglos sin fin.

Es incalculable para el espíritu humano el daño que ha producido la herejía de los tormentos eternos. La religión de la Biblia, llena de amor y de bondad, y que abunda en compasión, resulta empañada por la superstición y revestida de terror. Cuando consideramos con cuán falsos colores Satanás pintó el carácter de Dios, ¿podemos admirarnos de que se tema, y hasta se aborrezca a nuestro Creador misericordioso? Las ideas espantosas que respecto de Dios han sido propagadas por el mundo desde el púlpito, han hecho miles y hasta millones de escépticos e incrédulos.

La teoría de las penas eternas es una de las falsas doctrinas que constituyen el vino de las abominaciones de Babilonia, del cual ella da de beber a todas las naciones. (Apocalipsis 14:8; 17:2) Es verdaderamente inexplicable que los ministros de Cristo hayan aceptado esta herejía y la hayan proclamado desde el púlpito. Es cierto que dicha herejía ha sido enseñada por hombres piadosos y eminentes, pero la luz sobre este asunto no les había sido dada como a nosotros. Eran responsables tan sólo por la luz que brillaba en su tiempo; nosotros tenemos que responder por la que brilla en nuestros días.

Si nos alejamos del testimonio de la Palabra de Dios y aceptamos falsas doctrinas porque nuestros padres las enseñaron, caemos bajo la condenación pronunciada contra Babilonia; estamos bebiendo del vino de sus abominaciones.

Pensamiento Final

Hemos desenmascarado otra mentira de Satanás y consequentemente continuamos construyendo el fundamento para descubrir qué es lo que verdaderamente sucedió a Katie. Pero no quiero que nos pasemos nada por alto. Desenmascarando a Satanás un poco más, hemos aprendido algo bien asombroso sobre Dios. Ahora somos más capaces de ver a Dios por quien realmente es: un Dios de amor que quiere estar con su creación. Si no sintió una corriente de alegría al leer este capítulo, le animo a que lo lea de nuevo. No sólo nos revela secretos más allá de la muerte sino que la verdad nos da paz asombrosa sobre aquellos seres queridos que han fallecido, ya sean creyentes o no.

17

La Teoría que No se Hunde

"NI DIOS mismo podría hundir este barco", ostentaba un miembro de la tripulación a bordo del espléndido transatlántico Titanic. Pesando 46.000 toneladas el Titanic era el mayor barco jamás construido. Con sus 16 compartimentos herméticos, el notable barco reflejaba las técnicas de ingeniería más avanzadas de su época.

Ostentando tales detalles como lujosos baños turcos y anchas verandas flanqueadas con palmeras en macetas, comidas finas y la mejor orquesta flotante, el Titanic era un mundo en sí mismo indiferente al movimiento del viento y las olas.

El 10 de abril de 1912, el lujoso y gigantesco barco se dirigió hacia Nueva York desde Southampton, Inglaterra, llevando a bordo a más de 2.200 personas. Algunos eran millonarios, otros eran inmigrantes de tercera clase, pero la mayoría estaba confiada de que su viaje a través del traicionero atlántico estaba libre de preocupaciones.

Benjamin y Esther Hart, junto con su hija Eva, estaban a bordo del Titanic en ese viaje fatal. Habían planeado viajar con el Filadelfia, pero su pasaje fue cancelado debido a una huelga de carbón. Así que, para el desagrado de Esther, la familia fue trasladada al Titanic.

"Ahora sé por qué me siento tan inquieta," dijo mientras llegaba sobre cubierta, "este es el barco que todos dicen no se puede hundir."

"No querida mía," respondió Benjamin poniendo su brazo alrededor de sus hombros "este es el barco *inundible*." Esther le dio una dura y larga mirada.

"Bueno, eso es una burla en la cara de Dios", Esther se negó a dormir esa noche.

El 14 de abril, el Titanic recibió al menos seis advertencias de icebergs. A pesar de ello continuó a toda velocidad, sin prestar ninguna atención a las aguas traicioneras justo más allá del horizonte.

Menos de 24 horas más tarde, dos balsas plegables y 15 botes salvavidas flotaban esparcidos entre una multitud de icebergs entre las agitadas y frígidas aguas del Atlántico. Entre los escombros a la deriva flotaban cientos de cadáveres ya casi irreconocibles. Un observador comentó que parecían un grupo de gaviotas moviéndose en las olas. Muchos eran mujeres agarrando rígidamente a sus bebés muertos. Los botes salvavidas llevavan a bordo aproximadamente una tercera parte de los pasajeros que todavía vivían. Medio helados, agotados por la conmoción, los sobrevivientes eran prueba frágil de que el Titanic había existido. El Titanic se hundió para siempre en la noche oscura. El primer barco inundible del mundo se había ido a pique al desaparecer horas después de su encuentro silencioso con el inflexible iceberg.

Esther y Eva Hart sobrevivieron, pero Benjamin se hundió con el Titanic.

Muchos hoy permanecen tan ignorantes de la verdad sobre el infierno y el tormento eterno como aquellos individuos lo eran sobre la "inmortalidad" del Titanic. Es muy fácil creer lo que queremos creer, o seguir la opinión popular aún cuando la prueba apunta en la dirección opuesta.

A veces encontramos una idea tan repugnante que al tratar de formar una opinión nos dirigimos a otro error al extremo opuesto. Este es desde luego el caso con las personas que sienten que la idea del tormento eterno un concepto atroz. En sus esfuerzos por evitar un error están tentados a saltar al extremo opuesto.

El Humano que No se Hunde

Muchos a quienes indigna la doctrina de los tormentos eternos se lanzan al error opuesto. Ven que las Santas Escrituras representan a Dios como un ser lleno de amor y compasión, y no pueden creer que haya de entregar sus criaturas a las llamas de un infierno eterno.

Pero, como creen que el alma es de por sí inmortal, no ven otra alternativa que sacar la conclusión de que toda la humanidad será finalmente salvada.

Muchos son los que consideran las amenazas de la Biblia como destinadas tan sólo a alarmar a los hombres para que obedezcan y no como debiendo cumplirse literalmente. Así el pecador puede vivir en placeres egoístas, sin prestar atención alguna a lo que Dios exige de él, y esperar sin embargo que será recibido finalmente en su gracia. Semejante doctrina que así especula con la misericordia divina, pero ignora su justicia, agrada al corazón carnal y alienta a los malos en su iniquidad.

Para muestra de cómo los que creen en la salvación universal tuercen el sentido de las Escrituras para sostener sus dogmas mortífero para las almas, basta citar sus propias declaraciones. En los funerales de un joven irreligioso, muerto instantáneamente en una desgracia, un ministro universalista escogió por texto de su discurso las siguientes palabras que se refieren a David: "Ya estaba consolado acerca de Amnón que era muerto." (2 Samuel 13:39)

"A menudo me preguntan—dijo el orador—cuál será la suerte de los que mueren en el pecado, tal vez en estado de embriaguez, o que mueren sin haber lavado sus vestiduras de las manchas ensangrentadas del crimen, o como este joven, sin haber hecho profesión religiosa ni tenido experiencia alguna en asuntos de religión. Nos contentamos con citar las Sagradas Escrituras; la contestación que nos dan al respecto ha de resolver tan tremendo problema. Amnón era pecador en extremo; era impenitente, se embriagó y fue muerto en ese estado. David era profeta de Dios; debía saber si Amnón se encontraba bien o mal en el otro mundo. ¿Cuáles fueron las expresiones de su corazón?—'El rey David deseó ver a Absalom: porque estaba consolado acerca de Amnón que era muerto.'

"¿Y qué debemos deducir de estas palabras? ¿No es acaso que los sufrimientos sin fin no formaban parte de su creencia religiosa?— Así lo entendemos nosotros; y aquí encontramos un argumento triunfante en apoyo de la hipótesis más agradable, más luminosa y más benévola de la pureza y de la paz finales y universales. Se había consolado de la muerte de su hijo. ¿Y por qué?—Porque podía con su ojo de profeta echar una mirada hacia el glorioso estado, ver a su hijo muy alejado de todas las tentaciones, libertado y purificado de la esclavitud y corrupciones del pecado, y, después de haber sido suficientemente santificado e iluminado, admitido a la asamblea de espíritus superiores y dichosos.

Su solo consuelo consistía en que su hijo amado al ser recogido del presente estado de pecado y padecimiento, había ido adonde el soplo sublime del Espíritu Santo sería derramado sobre su alma obscurecida; adonde su espíritu se desarrollaría con la sabiduría del cielo y con los dulces transportes del amor eterno, a fin de ser así preparado para gozar con una naturaleza santificada del descanso y de las glorias de la herencia eterna."

Los Frutos del Error

Así es como este profeso ministro de Cristo reitera la mentira ya dicha por la serpiente en Edén: "De seguro que no moriréis." "En el día que comiereis de él, vuestros ojos serán abiertos, y seréis como Dios." Afirma que los más viles pecadores—el homicida, el ladrón y el adúltero—serán preparados después de la muerte para gozar de la eterna bienaventuranza.

¿Y de dónde saca sus conclusiones este falseador de las Sagradas Escrituras? —De una simple frase que expresa la sumisión de David a la dispensación de la Providencia. Su alma "deseó ver a Absalom: porque estaba consolado acerca de Amnón que era muerto."

Al mitigarse con el andar del tiempo la acrimonia de su aflicción, sus pensamientos se volvieron del hijo muerto al hijo vivo que se había desterrado voluntariamente por temor al justo castigo de su crimen. ¡Y esto es una evidencia de que el incestuoso y ebrio Amnón fue al morir llevado inmediatamente a la morada de los bienaventurados, para ser purificado y preparado allí para la sociedad de los ángeles inmaculados! ¡Fábula amena, por cierto, muy apropiada para satisfacer el corazón carnal ¡Es la doctrina del mismo Satanás y produce el efecto que él desea! ¿Es entonces de extrañar que con tales enseñanzas la iniquidad abunde?

La conducta de este falso maestro ilustra la de otros muchos. Desprenden de sus contextos unas cuantas palabras de las Sagradas Escrituras, por más que en muchos casos aquéllos encierren un significado contrario al que se les presta; y esos pasajes así aislados se tuercen y se emplean para probar doctrinas que no tienen ningún fundamento en la Palabra de Dios.

El pasaje citado para probar que el borracho Amnón está en el cielo, no pasa de ser una mera conjetura, a la que contradice terminantemente la declaración llana y positiva de las Santas Escrituras de que los dados a la embriaguez no poseerán el reino de Dios (1 Corintios 6:10). Y así es como los que dudan, los incrédulos y los escépticos convierten la verdad en mentira. Y con tales sofismas se engaña a muchos y se los arrulla en la cuna de una seguridad carnal.

Si fuese cierto que las almas de todos los hombres van directamente al cielo en la hora de la disolución, entonces bien podríamos anhelar la muerte antes que la vida. Esta creencia ha inducido a muchas personas a poner fin a su existencia. Cuando está uno anonadado por los cuidados, por las perplejidades y los desengaños, parece cosa fácil romper el delgado hilo de la vida y lanzarse hacia la bienaventuranza del mundo eterno.

Dios declara positivamente en su Palabra que castigará a los transgresores de su ley. Los que se adulan interesadamente con la idea de que Dios es demasiado misericordioso para ejecutar su justicia contra los pecadores, no tienen más que mirar a la cruz del Calvario. La muerte del inmaculado Hijo de Dios testifica que "la paga del pecado es muerte," que toda violación de la ley de Dios debe recibir su justa recompensa. Cristo, que era sin pecado, se hizo pecado a causa del hombre. Cargó con la culpabilidad de la transgresión y sufrió tanto, cuando su Padre apartó su faz de él, que su corazón fue destrozado y su vida aniquilada. Hizo todos esos sacrificios a fin de redimir al pecador. De ningún otro modo habría podido el hombre libertarse de la penalidad del pecado. Y toda alma que se niegue a participar de la expiación conseguida a tal precio, debe cargar en su propia persona con la culpabilidad y con el castigo por la transgresión.

Pensamiento Final

Como con el Titanic, el hombre gusta poner su fe en cosas de su propia edificación. Pero en nuestro orgullo egoísta, nos hemos engañado al pensar que nuestros barcos de racionalización de algún modo no se hunden.

Esto ha causado que creamos conceptos que han puesto nuestra propia seguridad en peligro. Afortunadamente, tenemos una balsa salvavidas que puede llevarnos a través de las aguas agitadas de mentiras y medias verdades. Tenemos la Biblia, y es mi oración que aprenda a confiar en Dios. Él es lo único que poseemos en este mundo que no se hunde. Aférrese a Él y a Su seguridad y vivirá en la eternidad.

18

¿A Dónde van Realmente los Malos cuando Mueren?

QUIZAS NADA es más revelador sobre la obsesión de nuestra sociedad a "la vida después de la muerte" que las series de televisión durante el 2005. Según la edición del domingo, 19 de junio de *The Detroit Free Press,* "usted no tiene que ser un psíquico para detectar una sensación sobrenatural emanando de la temporada otoñal de TV. Durante el horario de máxima audiencia, seis nuevas series con temas sobrenaturales, de horror, o de ciencia ficción dan a la programación de la temporada otoñal la pauta dominante."

Con todo, seis nuevos programas giran alrededor de seres extraterrestres y/o lo sobrenatural. Según *The Free Press,* "el drama con suspense de ABC que ha generado gran comentario, trata acerca de náufragos tratando de huir de una extraña isla en el Pacífico. El programa es la inspiración clave para la nueva ola de programación sobre el mundo sobrenatural esta temporada otoñal. Y la sorpresa estrafalaria de NBC es *Medium* (Médium), las historias de una madre psíquica en un barrio residencial que ayuda en la lucha contra el crimen, quizás se haya unido a la serie *Lost* (Perdido) como una influencia hacia la moda por lo sobrenatural."

Pero, ¿no le parece que mientras el "otoño lleno de noches de miedo" pueda estar entreteniendo a ciertas personas, la televisión en general es un lugar pobre para encontrar respuestas a las preguntas más profundas de la vida? Si los escritores de programación están tratando de transmitir la verdad, con tantas diferentes versiones de lo que sucede en el mundo de los espíritus, ¿cómo podemos discernir entre lo verdadero y lo falso?

Como estudiante, usted pudo haber tenido la ventaja de conseguir las respuestas a los problemas de su libro de matemáticas en la parte posterior del libro. Quizá ha sido lo suficientemente afortunado como para encontrar la edición del maestro donde las respuestas se encuentran a lo largo del libro de texto.

Los cristianos necesitan tratar la Biblia como la "edición del maestro" para la vida. Ella proporciona en sus páginas respuestas a las preguntas de la vida. He aprendido que no es posible hallar respuestas fidedignas sobre la muerte en las producciones de Hollywood. Simplemente no están allí. Sin embargo, podemos encontrar respuestas en la Biblia. Permítame considerar un poco más lo que la Biblia enseña acerca de las personas que son impías e impenitentes.

Respuestas de "El Libro"

Consideremos lo que la Biblia enseña además respecto a los impíos y a los que no se han arrepentido, y a quienes los universalistas colocan en el cielo como santos y bienaventurados ángeles.

"Al que tuviere sed, le daré a beber de la fuente del agua de la vida de balde." (Apocalipsis 21:6 V.M.)

Esta promesa es sólo para aquellos que tuvieren sed. Sólo aquellos que sienten la necesidad del agua de la vida y que la buscan a cualquier precio, la recibirán. "El que venciere heredará todas las cosas; y yo seré su Dios, y él será mi hijo." (Vers. 7)

Aquí también, las condiciones están especificadas. Para heredar todas las cosas, debemos resistir al pecado y vencerlo.

El Señor declara por el profeta Isaías: "Decid al justo que le irá bien." "¡Ay del impío! mal le irá porque según las obras de sus manos le será pagado." (Isaías 3:10, 11) "Pero aunque el pecador haga mal cien veces—dice el sabio,—y con todo se le prolonguen los días, sin embargo yo ciertamente sé que les irá bien a los que temen a Dios, por lo mismo que temen delante de él. Al hombre malo empero no le irá bien." (Eclesiastés 8:12, 13 V.M.)

Y Pablo declara que el pecador se atesora "ira para el día de la ira de la manifestación del justo juicio de Dios; el cual pagará a cada uno conforme a sus obras;" "tribulación y angustia sobre toda persona humana que obra lo malo." (Romanos 2:5, 6, 9)

¿Qué Dice La Palabra de Dios Respecto a Quien Va a Donde?

"Ningún fornicario, ni persona impúdica, u hombre ávaro, el cual es idólatra, tiene herencia alguna en el reino de Cristo y de Dios." (Efesios 5:5, V.M.) "Seguid la paz con todos, y la santidad, sin la cual nadie verá al Señor." (Hebreos 12:14)

"Bienaventurados los que guardan sus mandamientos, para que su potencia sea en el árbol de la vida, y que entren por las puertas en la ciudad. Mas los perros estarán fuera, y los hechiceros, y los disolutos, y los homicidas, y los idólatras, y cualquiera que ama y hace mentira." (Apocalipsis 22:14, 15)

Dios ha hecho a los hombres una declaración respecto de su carácter y de su modo de proceder con el pecador: "¡Jehová, Jehová, Dios compasivo y clemente, lento en iras y grande en misericordia y en fidelidad; que usa de misericordia hasta la milésima generación; que perdona la iniquidad, la transgresión y el pecado, pero que de ningún modo tendrá por inocente al rebelde!" (Éxodo 34:6, 7 V.M.) "Destruirá a todos los inicuos." "Los transgresores ¡todos a una serán destruídos; el porvenir de los malos será cortado!" (Salmos 115:20; 37:38, V.M.)

El poder y la autoridad del gobierno de Dios serán empleados para vencer la rebelión; sin embargo, todas las manifestaciones de su justicia retributiva estarán perfectamente en armonía con el carácter de Dios, de un Dios misericordioso, paciente y benévolo.

Dios no fuerza la voluntad ni el juicio de nadie. No se complace en la obediencia servil. Quiere que las criaturas salidas de sus manos le amen porque es digno de amor. Quiere que le obedezcan porque aprecian debidamente su sabiduría, su justicia y su bondad. Y todos los que tienen justo concepto de estos atributos le amarán porque serán atraídos a él por la admiración de sus atributos.

Los principios de bondad, misericordia y amor enseñados y puestos en práctica por nuestro Salvador son fiel trasunto de la voluntad y del carácter de Dios. Cristo declaró que no enseñaba nada que no hubiese recibido de su Padre. Los principios del gobierno divino se armonizan perfectamente con el precepto del Salvador: "Amad a vuestros enemigos."

Dios ejecuta su justicia sobre los malos para el bien del universo, y hasta para el bien de aquellos sobre quienes recaen sus juicios. Él quisiera hacerlos felices, si pudiera hacerlo de acuerdo con las leyes de su gobierno y la justicia de su carácter. Extiende hasta ellos las manifestaciones de su amor, les concede el conocimiento de su ley y los persigue con las ofertas de su misericordia; pero ellos desprecian su amor, invalidan su ley y rechazan su misericordia.

Por más que reciben continuamente sus dones, deshonran al Dador; aborrecen a Dios porque saben que aborrece sus pecados. El Señor soporta mucho tiempo sus perversidades; pero la hora decisiva llegará al fin y entonces su suerte quedará resuelta. ¿Encadenará él entonces estos rebeldes a su lado? ¿Los obligará a hacer su voluntad?

¿Por qué No Van Todas las Almas al Cielo?

Los que han escogido a Satanás por jefe, y que se han puesto bajo su poder, no están preparados para entrar en la presencia de Dios. El orgullo, el engaño, la impureza, la crueldad se han arraigado en sus caracteres.

¿Pueden entonces entrar en el cielo para morar eternamente con aquellos a quienes despreciaron y odiaron en la tierra? La verdad no agradará nunca al mentiroso; la mansedumbre no satisfará jamás a la vanidad y al orgullo; la pureza no puede ser aceptada por el disoluto; el amor desinteresado no tiene atractivo para el egoísta. ¿Qué goces podría ofrecer el cielo a los que están completamente absorbidos en los intereses egoístas de la tierra?

¿Acaso podrían aquellos que han pasado su vida en rebelión contra Dios ser transportados de pronto al cielo y contemplar el alto y santo estado de perfección que allí se ve, donde toda alma rebosa de amor, todo semblante irradia alegría, la música arrobadora se eleva en acordes melodiosos en honor a Dios y al Cordero, y brotan raudales de luz del rostro de Aquel que está sentado en el trono e inundan a los redimidos? ¿Podrían acaso aquellos cuyos corazones están llenos de odio hacia Dios y a la verdad y a la santidad alternar con los ejércitos celestiales y unirse a sus cantos de alabanza? ¿Podrían soportar la gloria de Dios y del Cordero?—

No, no; años de prueba les fueron concedidos para que pudiesen formar caracteres para el cielo; pero nunca se acostumbraron a amar lo que es puro; nunca aprendieron el lenguaje del cielo, y ya es demasiado tarde. Una vida de rebelión contra Dios los ha inhabilitado para el cielo. La pureza, la santidad y la paz que reinan allí serían para ellos un tormento; la gloria de Dios, un fuego consumidor. Ansiarían huir de aquel santo lugar. Desearían que la destrucción los cubriese de la faz de Aquel que murió para redimirlos. La suerte de los malos queda determinada por la propia elección de ellos. Su exclusión del cielo es un acto de su propia voluntad y un acto de justicia y misericordia por parte de Dios.

Del mismo modo que las aguas del diluvio, las llamas del gran día proclamarán el veredicto de Dios de que los malos son incurables. Ellos no tienen ninguna disposición para someterse a la autoridad divina. Han ejercitado su voluntad en la rebeldía; y cuando termine la vida será demasiado tarde para desviar la corriente de sus pensamientos en sentido opuesto, demasiado tarde para volverse de la transgresión hacia la obediencia, del odio hacia el amor.

Pensamiento Final

Según la Biblia, y francamente el sentido común, sólo aquellos que aman a Dios y se someten a su Palabra serán felices de estar en el cielo. Después de todo, si alguien odia a Dios aquí en la tierra y su manera de hacer las cosas, ¿cómo podrían estar alegres de algún modo cuando estén en cielo? ¡Sufrirían de un choque cultural!

¿Podría imaginarse a un ladrón que nunca somete su voluntad a la de Dios? Imagínese a esa persona deambulando alrededor de las calles de oro. ¡A ese ladrón le sería sumamente difícil no tomar un martillo perforador en las calles de oro y llevarse esa fortuna para si mismo! El problema del pecado nunca dejaría de existir.

En este capítulo hemos aprendido que las personas que mueren en sus pecados no podrán ir automáticamente al cielo, pero hemos aprendido también que no irán al infierno a sufrir dolor por los siglos. Entonces . . . ¿qué sucede cuando mueren?

19

Porqué el Mal
Fue Preservado

MUCHOS PRESIDENTES Americanos han dejado una estela de indultos controversiales y sentencias conmutadas. En su primer día en la oficina en 1977, el presidente Jimmy Carter otorgó amnistía a miles de insumisos que habían eludido la llamada a las filas durante la guerra de Vietnam. Mientras que su acción fue vista como valiente por algunos, muchos excombatientes lo consideraron una traición.

El indulto más polémico fue probablemente el del presidente Gerardo Ford a Nixon en 1974 asegurando que el presidente anterior no enfrentaría cargos criminales sobre el escándalo Watergate. Esta acción causó una reacción negativa que muchos creen causó a Ford la pérdida de las elecciones en 1976.

El presidente Bill Clinton absolvió la sentencia a prisión de 176 personas en su último día en oficina. La absolución incluía a un estafador de tributos quien era ex marido de la principal donante de Clinton, dos criminales que pagaron $400.000 al cuñado de Clinton para presionar en su beneficio, y el propio hermanastro de Clinton.

La idea de dar absoluciones y/o conmutar una pena no es nada nuevo, por supuesto. Si merecido o no merecido, la práctica se remonta a través de los siglos hasta el mismo comienzo de este mundo.

El asesinato de Caín a Abel es una de las historias más repulsivas de la Biblia. Abel, que estaba en los principios de su vida y una de las alegrías de Adán y Eva, no hizo sino tratar de servir a Dios correctamente. Por esto él fue atacado y asesinado por su hermano.

Dios pudo haber enviado a Caín a la "silla eléctrica" inmediatamente y la mayoría lo habría considerado una sentencia justa. Pero Dios no lo hizo. La Biblia no dice que Caín se arrepintiera de su pecado o que hubiera expresado lamento por su crimen. Todo lo contrario. Se nos dice que él y sus descendientes llegaron a ser más y más malvados.

Así que es difícil imaginar que Caín alguna vez pidiera —o recibiera— perdón o absolución de Dios por ese asesinato. Pero Dios conmutó la sentencia de Caín. En lugar de castigarlo inmediatamente, Dios permitió que el asesino siguiera viviendo por muchos años en esta tierra.

¿Por qué le fue Permitido Vivir a Caín?

Al perdonarle la vida a Caín el homicida, Dios dio al mundo un ejemplo de lo que sucedería si le fuese permitido al pecador seguir llevando una vida de iniquidad sin freno. La influencia de las enseñanzas y de la conducta de Caín arrastraron al pecado a multitudes de sus descendientes, hasta "que la malicia de los hombres era mucha en la tierra, y que todo designio de los pensamientos del corazón de ellos era de continuo solamente el mal." "Y corrompióse la tierra delante de Dios, y estaba la tierra llena de violencia." (Génesis 6:5, 11)

Fue por misericordia para con el mundo por lo que Dios barrió los habitantes de él en tiempo de Noé. Fue también por misericordia por lo que destruyó a los habitantes corrompidos de Sodoma. Debido al poder engañador de Satanás, los obreros de iniquidad se granjean simpatía y admiración y arrastran a otros a la rebelión. Así sucedió en días de Caín y de Noé, como también en tiempo de Abraham y de Lot; y así sucede en nuestros días. Por misericordia para con el universo destruirá Dios finalmente a los que rechazan su gracia.

"Porque la paga del pecado es muerte: mas la dádiva de Dios es vida eterna en Cristo Jesús Señor nuestro." (Romanos 6:23) Mientras la vida es la heredad de los justos, la muerte es la porción de los impíos. Moisés declaró a Israel: "Mira, yo he puesto delante de ti hoy la vida y el bien, la muerte y el mal." (Deuteronomio 30:15) La muerte de la cual se habla en este pasaje no es aquella a la que fue condenado Adán, pues toda la humanidad sufre la penalidad de su transgresión. Es "la muerte segunda," puesta en contraste con la vida eterna.

A consecuencia del pecado de Adán, la muerte pasó a toda la raza humana. Todos descienden igualmente a la tumba. Y debido a las disposiciones del plan de salvación, todos saldrán de los sepulcros. "Ha de haber resurrección de los muertos, así de justos como de injustos." (Hechos 24:15.) "Porque así como en Adán todos mueren, así también en Cristo todos serán vivificados." (1 Corintios 15:22)

Pero queda sentada una distinción entre las dos clases que serán resucitadas. "Todos los que están en los sepulcros oirán su voz [del Hijo del hombre]; y los que hicieron bien, saldrán a resurrección de vida; mas los que hicieron mal a resurrección de condenación." (Juan 5:28, 29) Los que hayan sido "tenidos por dignos" de resucitar para la vida son llamados "dichosos y santos." "Sobre los tales la segunda muerte no tiene poder." (Apocalipsis 20:6, V.M.)

Pero los que no hayan asegurado para sí el perdón, por medio del arrepentimiento y de la fe, recibirán el castigo señalado a la transgresión: "la paga del pecado." Sufrirán un castigo de duración e intensidad diversas "según sus obras," pero que terminará finalmente en la segunda muerte.

Como, en conformidad con su justicia y con su misericordia, Dios no puede salvar al pecador en sus pecados, le priva de la existencia misma que sus transgresiones tenían ya comprometida y de la que se ha mostrado indigno. Un escritor inspirado dice: "Pues de aquí a poco no será el malo: y contemplarás sobre su lugar, y no parecerá." Y otro dice: "Serán como si no hubieran sido." (Salmo 37:10; Abdías 16) Cubiertos de infamia, caerán en irreparable y eterno olvido.

Así se pondrá fin al pecado y a toda la desolación y las ruinas que de él procedieron. El salmista dice: "Reprendiste gentes, destruiste al malo, raíste el nombre de ellos para siempre jamás. OH enemigo, acabados son para siempre los asolamientos." (Salmo 9:5, 6)

El apóstol Juan, al echar una mirada hacia la eternidad, oyó una antífona universal de alabanzas que no era interrumpida por ninguna disonancia. Oyó a todas las criaturas del cielo y de la tierra rindiendo gloria a Dios. (Apocalipsis 5:13)

Pensamiento Final

La historia de Caín no es tan diferente como la del diablo. Dios se negó a destruir inmediatamente al diablo porque quiso que el mundo comprendiera el dolor que resulta al escoger el camino de la rebelión. Asimismo, Dios se compadeció de Caín para que el mundo pudiera ver los males que resultan cuando tan sólo una persona se aleja de Él.

Esta historia es importante porque nos enseña que Dios es paciente con el hombre, esperando y esperando que ellos se alejen del mal y le sigan a Él. Dios no desea destruirnos, sino perdonar y otorgar vida eterna.

Nunca debemos tener la actitud de que estaremos bien si sólo pecamos un poco —una pequeña maldad aquí y allá. La Biblia dice que la paga del pecado (o cualquier rebelión) es muerte. Aquellos que entreguen sus pecados a Dios disfrutarán del cielo, mientras que los que no enfrentarán algo muy diferente. Entregue su corazón a Dios . . . hágalo hoy.

20

La Verdad Sobre la Muerte

EXISTE UNA vieja historia sobre Ethan Allen, héroe durante la Guerra Revolucionaria de los Estados Unidos. Allen estuvo cortejando una joven viuda cada tarde. Para llegar a su casa antes del anochecer, Allen tomaba un atajo por el cementerio local. Algunos de los vecinos de Allen, píos de Nueva Inglaterra, observaron su práctica y sintiendo que era algo irreverente confabularon enseñarle una lección.

Notando que Allen saltaba exactamente sobre la misma sección de la pared de adoquín del cementerio cada tarde, cavaron allí una sepultura. Esa tarde, cuando Allen ágilmente saltó la pared del cementerio cayó al fondo de la excavación. Ileso, Allen se recuperó con destreza y se preparó para escalar fuera de la sepultura cuando repentinamente una figura fantasmal cubierta con una sábana blanca lo miró desde arriba.

"Ethan Allen," preguntó con voz sepulcral, "¿qué estáis haciendo en mi sepultura?"

Algo irritado Allen respondió: "Señor, ¡ésa no es la pregunta! La pregunta es: ¿qué rayos está haciendo usted fuera de ella?"

Sonriendo como podrá a esta pequeña historia, hallará tanto humor como verdad en ella. Si los espíritus de nuestros seres queridos están rodeando nuestro mundo, —como muchas iglesias enseñan— ¿qué están haciendo estas personas fuera de sus sepulturas? ¿Es esto bíblico? ¿Es esto lo que Jesús, los apóstoles y los padres de la Iglesia primitiva enseñaron?

Todo lo que hemos explorado hasta ahora llega a su punto de culminación en este capítulo. Es hora de descubrir qué es exactamente lo que le sucedió a Katie cuando murió.

En el error fundamental de la inmortalidad natural, descansa la doctrina del estado consciente de los muertos, doctrina que, como la de los tormentos eternos, está en lucha contra las enseñanzas de las Sagradas Escrituras, con los dictados de la razón y con nuestros sentimientos de humanidad.

Según la creencia popular, los redimidos en el cielo están al cabo de todo lo que pasa en la tierra, y especialmente de lo que les pasa a los amigos que dejaron atrás. ¿Pero cómo podría ser fuente de dicha para los muertos el tener conocimiento de las aflicciones y congojas de los vivos, el ver los pecados cometidos por aquellos a quienes aman y verlos sufrir todas las penas, desilusiones y angustias de la vida?

¿Cuánto podrían gozar de la bienaventuranza del cielo los que revolotean alrededor de sus amigos en la tierra? ¡Y cuán repulsiva es la creencia de que, apenas exhalado el último suspiro, el alma del impenitente es arrojada a las llamas del infierno! ¡En qué abismos de dolor no deben sumirse los que ven a sus amigos bajar a la tumba sin preparación para entrar en una eternidad de pecado y de dolor! Muchos han sido arrastrados a la locura por este horrible pensamiento que los atormentara.

¿Qué Dicen las Sagradas Escrituras a Este Respecto?

David declara que el hombre no es consciente en la muerte: "Saldrá su espíritu, tornaráse en su tierra: en aquel día perecerán sus pensamientos." (Salmo 146:4)

Salomón da el mismo testimonio: "Porque los que viven saben que han de morir: mas los muertos nada saben." "También su amor, y su odio y su envidia, feneció ya: ni tiene ya más parte en el siglo, en todo lo que se hace debajo del sol." "Adonde tú vas no hay obra, ni industria, ni ciencia, ni sabiduría." (Eclesiastés 9:5, 6, 10)

Cuando, en respuesta a sus oraciones, la vida de Ezequías fue prolongada por quince años, el rey agradecido, tributó a Dios loores por su gran misericordia. En su canto de alabanza, dice por qué se alegraba: "No te ha de alabar el sepulcro; la muerte no te celebrará; ni esperarán en tu verdad los que bajan al hoyo. El viviente, el viviente sí, él te alabará, como yo, el día de hoy." (Isaías 38:18, 19, V.M.)

La teología de moda presenta a los justos que fallecen como si estuvieran en el cielo gozando de la bienaventuranza y loando a Dios con lenguas inmortales, pero Ezequías no veía tan gloriosa perspectiva en la muerte. Sus palabras concuerdan con el testimonio del salmista: "Porque en la muerte no hay memoria de ti: ¿Quién te loará en el sepulcro?" (Salmo 6:5) "No son los muertos los que alaban a Jehová, ni todos los que bajan al silencio." (Salmo 115:17 V.M.)

En el día de Pentecostés, San Pedro declaró que el patriarca David "murió, y fue sepultado, y su sepulcro está con nosotros hasta el día de hoy." "Porque David no subió a los cielos." (Hechos 2:29, 34.) El hecho de que David permanecerá en el sepulcro hasta el día de la resurrección, prueba que los justos no van al cielo cuando mueren. Es sólo mediante la resurrección, y en virtud y como consecuencia de la resurrección de Cristo por lo cual David podrá finalmente sentarse a la diestra de Dios.

Y Pablo dice: "Porque si los muertos no resucitan, tampoco Cristo resucitó. Y si Cristo no resucitó, vuestra fe es vana; aun estáis en vuestros pecados. Entonces también los que durmieron en Cristo son perdidos." (1 Corintios 15:16-18)

Si desde hace cuatro mil años los justos al morir hubiesen ido directamente al cielo, ¿cómo habría podido decir San Pablo que si no hay resurrección, "también los que durmieron en Cristo, son perdidos"? No habría necesidad de resurrección.

> **Muchos cristianos creen que los padres más respetados y reverenciados de la iglesia apoyaban la idea de una alma inmortal y un eterno infierno ardiente. Sin embargo, este no era el caso. Mayoritariamente, los antiguos líderes de la iglesia primitiva creyeron plenamente las enseñanzas más claras y sencillas de las Escrituras.**

Las Enseñanzas de la Iglesia Primitiva

El mártir Tyndale, refiriéndose al estado de los muertos, declaró: "Confieso francamente que no estoy convencido de que ellos gocen ya de la plenitud de gloria en que se encuentran Dios y los ángeles elegidos. Ni es tampoco artículo de mi fe; pues si así fuera, entonces no puedo menos que ver que sería vana la predicación de la resurrección de la carne."—Guillermo Tyndale, en el prólogo de su traducción del Nuevo Testamento, reimpreso en British Reformers—Tindal, Frith, Barnes, pág. 349.

Es un hecho incontestable que la esperanza de pasar al morir a la felicidad eterna ha llevado a un descuido general de la doctrina bíblica de la resurrección. Esta tendencia ha sido notada por el Dr. Adán Clarke, quien escribió: "¡La doctrina de la resurrección parece haber sido mirada por los cristianos como si tuviera una importancia mucho mayor que la que se le concede hoy! ¿Cómo es eso? Los apóstoles insistían siempre en ella y por medio de ella incitaban a los discípulos de Cristo a que fuesen diligentes, obedientes, y de buen ánimo. Pero sus sucesores actuales casi nunca la mencionan. Tal la predicación de los apóstoles, y tal la fe de los primitivos cristianos; tal nuestra predicación y tal la fe de los que nos escuchan. No hay doctrina en la que el Evangelio insista más; y no hay doctrina que la predicación de nuestros días trate con mayor descuido."—Commentary on the New Testament, tomo II, comentario general de 1 Corintios 15, pág. 3.

Y así siguieron las cosas hasta resultar en que la gloriosa verdad de la resurrección quedó casi completamente obscurecida y perdida de vista por el mundo cristiano. Es así que un escritor religioso autorizado, comentando las palabras de San Pablo en 1 Tesalonicenses 4:13-18, dice: "Para todos los fines prácticos de consuelo, la doctrina de la inmortalidad bienaventurada de los justos reemplaza para nosotros cualquier doctrina dudosa de la segunda venida del Señor. Cuando morimos es cuando el Señor viene a buscarnos. Eso es lo que tenemos que esperar y para lo que debemos estar precavidos. Los muertos ya han entrado en la gloria. Ellos no esperan el sonido de la trompeta para comparecer en juicio y entrar en la bienaventuranza."

¿Qué Dijo Jesús?

Pero cuando Jesús estaba a punto de dejar a sus discípulos, no les dijo que irían pronto a reunírsele. "Voy a prepararos el lugar— les dijo.—Y si yo fuere y os preparare el lugar, vendré otra vez, y os recibiré conmigo." (Juan 14:2, 3 V.M.) Y San Pablo nos dice además que "el mismo Señor con aclamación, con voz de arcángel, y con trompeta de Dios, descenderá del cielo; y los muertos en Cristo resucitarán primero: luego nosotros, los que vivimos, los que quedamos, juntamente con ellos seremos arrebatados en las nubes

---

Considere por un momento a la niñita que Jesús levantó de la muerte. Muchas personas, incluyendo pastores, le dirán que en el momento en que ella murió, su alma se fue con Dios al paraíso. Ya en la felicidad inimaginable, experimentando las alegrías del cielo, Jesús la llama de vuelta a la vida y repentinamente regresa a esta tierra donde hay pecado y enfermedad. Lo mismo sucedió con Lázaro, el amigo de Jesús. Sin embargo, habiendo personalmente experimentado lo que la gente sólo puede tratar de entender, no oimos ni un comentario sobre el cielo por parte de ellos. Aquí está la oportunidad de los escritores de la Biblia para que el cielo realmente cobre vida en la mente del lector y nada se menciona excepto que ambos personajes necesitaban ayuda. ¿Le parece lógico esto a usted?

a recibir al Señor en el aire, y así estaremos siempre con el Señor." Y agrega: "Por tanto, consolaos los unos a los otros en estas palabras. (1 Tesalonicenses 4:16-18) ¡Cuán grande es el contraste entre estas palabras de consuelo y las del ministro universalista citadas anteriormente! Este último consolaba a los amigos en duelo con la seguridad de que por pecaminoso que hubiese sido el fallecido, apenas hubo exhalado su último suspiro, debió ser recibido entre los ángeles. San Pablo recuerda a sus hermanos la futura venida del Señor, cuando las losas de las tumbas serán rotas y "los muertos en Cristo" resucitarán para la vida eterna.

¿Existe Recompensa y Castigo Antes ôel Juicio?

Antes de entrar en la mansión de los bienaventurados, todos deben ser examinados respecto a su vida; su carácter y sus actos deben ser revisados por Dios. Todos deben ser juzgados con arreglo a lo escrito en los libros y recompensados según hayan sido sus obras.

Este juicio no se verifica en el momento de la muerte. Notad las palabras de San Pablo: "Por cuanto ha establecido un día, en el cual ha de juzgar al mundo con justicia, por aquel varón al cual determinó; dando fe a todos con haberle levantado de los muertos." (Hechos 17:31) El apóstol enseña aquí lisa y llanamente que cierto momento, entonces por venir, había sido fijado para el juicio del mundo.

Judas se refiere a aquel mismo momento cuando dice: "A los ángeles que no guardaron su original estado, sino que dejaron su propia habitación, los ha guardado en prisiones eternas, bajo tinieblas, hasta el juicio del gran día." Y luego cita las palabras de Enoc: "¡He aquí que viene el Señor, con las huestes innumerables de sus santos ángeles, para ejecutar juicio sobre todos!" (Judas 6, 14, 15, V.M.) San Juan declara que vio "a los muertos, pequeños y grandes, estar en pie delante del trono; y abriéronse los libros; . . . y los muertos fueron juzgados de acuerdo con las cosas escritas en los libros." (Apocalipsis 20:12 V.M.)

Pero si los muertos están ya gozando de la bienaventuranza del cielo o están retorciéndose en las llamas del infierno, ¿qué necesidad hay de un juicio venidero? Las enseñanzas de la Palabra de Dios respecto a estos importantes puntos no son obscuras ni contradictorias; una inteligencia mediana puede entenderlas. ¿Pero qué espíritu imparcial puede encontrar sabiduría o justicia en la teoría corriente? ¿Recibirán acaso los justos después del examen de sus vidas en el día del juicio, esta alabanza: "¡muy bien, siervo bueno y fiel, . . . entra en el gozo de tu Señor!" cuando ya habrán estado habitando con él tal vez durante siglos?

¿Se sacará a los malos del lugar de tormento para hacerles oír la siguiente sentencia del juez de toda la tierra: "¡Apartaos de mí, malditos, al fuego eterno!"? (Mateo 25:21, 41 V.M.) ¡Burla solemne! ¡Vergonzosa ofensa inferida a la sabiduría y justicia de Dios!

El Caso Está Cerrado

La teoría de la inmortalidad del alma fue una de aquellas falsas doctrinas que Roma recibió del paganismo para incorporarla en el cristianismo.

Martín Lutero la clasificó entre "las fábulas monstruosas que forman parte del estercolero romano" de las decretales. (E. Petavel, Le Probleme de l'Immortalité, tomo 2, pág. 77) Comentando las palabras de Salomón, en el Eclesiastés, de que los muertos no saben nada, el reformador dice: "Otra prueba de que los muertos son . . . insensibles. . . . Salomón piensa que los muertos están dormidos y no sienten absolutamente nada. Pues los muertos descansan, sin contar ni los días ni los años; pero cuando se despierten les parecerá como si apenas hubiesen dormido un momento."—Lutero, Exposition of Solomon's Book Called Ecclesiastes, pág. 152.

En ningún pasaje de las Santas Escrituras se encuentra declaración alguna de que los justos reciban su recompensa y los malos su castigo en el momento de la muerte. Los patriarcas y los profetas no dieron tal seguridad. Cristo y sus apóstoles no la mencionaron siquiera. La Biblia enseña a las claras que los muertos no van inmediatamente al cielo. Se les representa como si estuvieran durmiendo hasta el día de la resurrección. (1 Tesalonicenses 4:14; Job 14:10-12)

El día mismo en que se corta el cordón de plata y se quiebra el tazón de oro (Eclesiastés 12:6), perecen los pensamientos de los hombres. Los que bajan a la tumba permanecen en el silencio. Nada saben de lo que se hace bajo el sol. (Job 14:21)

¡Descanso bendito para los exhaustos justos! Largo o corto, el tiempo no les parecerá más que un momento. Duermen hasta que la trompeta de Dios los despierte para entrar en una gloriosa inmortalidad. "Porque sonará la trompeta, y los muertos resucitarán incorruptibles . . . Porque es necesario que este cuerpo corruptible se revista de incorrupción, y que este cuerpo mortal se revista de inmortalidad. Y cuando este cuerpo corruptible se haya revestido de incorrupción, y este cuerpo mortal se haya revestido de inmortalidad, entonces será verificado el dicho que está escrito: ¡Tragada ha sido la muerte victoriosamente!" (1 Corintios 15:52-54 V.M.) En el momento en que sean despertados de su profundo sueño, reanudarán el curso de sus pensamientos interrumpidos por la muerte. La última sensación fue la angustia de la muerte. El último pensamiento era el de que caían bajo el poder del sepulcro. Cuando se levanten de la tumba, su primer alegre pensamiento se expresará en el hermoso grito de triunfo: "¿Dónde está, oh Muerte, tu aguijón? ¿dónde está, oh Sepulcro, tu victoria?" (Vers. 55)

Para muchos, esto es una revelación asombrosa. Puede que esté triste o molesto o hasta enojado, pero le pido que ponga eso a un lado por el momento y considere muy de cerca lo que ha leído. Tal vez debería leer este capítulo de nuevo y tratar de asimilarlo más plenamente la información dada.

Recuerde que el diablo sabe este es un tema lleno de emociones. Satanás quiere hacer todo lo posible para desviarlo de la Palabra de Dios al representar una idea que él insinua es mejor. No se deje engañar. Quédese con la Biblia. Es más, tome su Biblia y ábrala mientras lee este capítulo nuevamente. Busque a cada verso por sí mismo y verifique si lo que lee realmente harmoniza con su Biblia.

Según la Biblia, Katie está "dormida" en su tumba. Cuando su vida fue tomada ese día, tan frío como podría sonar, su conocimiento cesó. Ella no está con la abuela en el cielo como dijo el pastor. Aunque esto pueda aparentar ser triste y terrible, quiero que vaya un paso más conmigo y descubra por qué la verdad sobre nuestros seres queridos es tan confortante y necesaria saber.

Si según la Biblia el "espíritu" que contactó a las hermanas Fox a través del código de comunicación no era una persona del más allá, ¿qué otra cosa pudo haber sido? Si su historia no era un fraude, ¿qué o con quién se comunicaban? ¿Cómo pudieron saber dónde y por qué esos huesos se encontraban debajo de su casa?

Con el dramático auge de las hermanas Fox a la riqueza y la fama y luego su caída a la pobreza, el alcoholismo y la controversia, ¿qué piensa es lo que realmente sucedido? Estamos a punto de descubrirlo.

Pensamiento Final

Antes de que pasemos al próximo capítulo quiero preguntarle: ¿Está molesto o enojado por lo que ha leído? Considérelo durante un minuto y entonces pregúntese: ¿Por qué?

Yo también estuve molesto cuando aprendí la verdad, pero me pregunto si fue por la misma razón. Cuando rendí mi corazón a Cristo, supe que debía aceptar Sus verdad y Su camino. Él quiere lo mejor para nosotros y nunca podría mentirnos . . . concediéndole el beneficio de la duda cuando no comprendemos plenamente tiene el mayor sentido.

De hecho me enfadé porque cuando aprendí la verdad, comprendí que lo que me habían enseñado sobre lo que la Biblia dice acerca de la muerte era erróneo. Me disgustó haber tenido una idea completamente errónea de Dios porque no me había detenido a investigar por mí mismo.

Ya no estoy molesto. Teniendo la verdad estoy lleno de alegría y confiado de que Dios está en control y es muy, muy bueno con su creación. Estoy muy contento gracias a este fundamento tan seguro.

21

Un Peligro
al Acecho

SIN DUDA el interés por lo sobrenatural ha aumentado de manera explosiva en Norteamérica. Ya sea por simple curiosidad o devota creencia religiosa, la gente está explorando lo paranormal con renovado entusiasmo. Parece ser que el mundo del entretenimiento ha tomado nota de la demanda popular y ha aumentado su atención al tema con nuevas películas, libros, revistas, series de televisión, y líneas telefónicas de psíquicos. Recientemente, la serie literaria sobre la brujería con popularidad a niveles frenéticos de *Harry Potter* ha posicionado a su autora, J.K. Rawling, entre las mujeres más ricas de Inglaterra. Aunque sus libros son para niños, también atraen mucho a lectores adultos. Los libros de Rawling muestran los hechizos del joven Potter que madura mientras trata con los espíritus de los muertos para lograr sus metas. Los libros en la serie de *Harry Potter* censuran a aquellos que niegan la realidad de la hechicería o que consideran su práctica como malvada por medio de los personajes que, da la casualidad, són los crueles tutores de Potter.

Hollywood ha disfrutado en ganancias gracias al interés en la cultura en lo paranormal. En los últimos años, el número de producciones de horror y espiritismo generadas por la "capital mundial del entretenimiento" ha aumentado dramáticamente.

Una de las películas más populares fue *The Sixth Sense* (El Sexto Sentido) —un muchacho joven que podía ver y comunicarse con los muertos. Cuentos de fantasmas tales como en las películas *The Mothman Prophecies* (Las Profecías de Mothman) y *Dragonfly* (Libélula) continúan apareciendo en abundancia. Estas producciones cinematográficas de Hollywood atraen a los espectadores con sus mañosos efectos especiales y gran atención al detalle.

Sin duda alguna el medio de comunicación más influyente reside en el hogar —la televisión. Desde la protagonista héroe de *Buffy the Vampire* (Buffy la Vampira Destructora) hasta *X-Files* (Los Archivos X), la programación principal está empapada de programas espiritistas. Aunque Scully (la agente escéptica del FBI de "Las fichas X") tiene creencias católicas y condena las ideas de conspiraciones extraterrestres de su socio, ella cree en la existencia fantasmal después de la muerte. Irónicamente, el socio de Scully que cree en extraterrestres rechaza sus ideas plenamente. La serie televisiva *Medium* (Médium) presenta a una mujer capaz de contactar a los muertos para resolver crímenes. Naturalmente, aún en aquel primer y tierno despertar de la televisión, la hechicería fue proyectada bajo una luz positiva con la película *Bewitched* (Embrujada), la cual Hollywood ha reestrenado recientemente con estrellas de primera clase como Nicole Kidman y Will Ferrell.

¿Se ha detenido a preguntarse alguna vez por qué todo esto está sucediendo ahora? ¿Por qué los programas de TV, cine, libros, y videojuegos están presentando el espiritismo —una vez considerado algo odioso por la fe cristiana— que rápidamente está convirtiéndose en una gran parte de la dieta audiovisual del cristiano medio? ¿Es esto parte de la maduración de la cristiandad, o significa algo diferente —especialmente a la luz de lo que hemos aprendido hasta ahora?

Aunque la aceptación del espiritismo dentro de la iglesia es relativamente nueva, podemos observar el aumento de médiums y otras prácticas espiritistas dentro del marco cristiano en programas como *Crossing Over* (Cruzando al Otro Lado) presentado por el médium John Edward. Edward afirma tener el poder para comunicarse con los muertos y ahora ha escrito un libro titulado *Practical Praying: Using the Rosary to Enhance Your Life* (La Oración Práctica: Usando el Rosario para Mejorar Su Vida). El libro entremezcla héroes cristianos con espiritismo de la Nueva Era. La pregunta clave es: Si él cree en el poder de la fe cristiana, ¿por qué practica lo que la Biblia prohíbe rotundamente y enseña lo que la Biblia no dice?

Una de las series televisivas de carácter religioso más exitosas de la historia, *Touched by an Angel* (Tocado por un Ángel), consite en un grupo de ángeles y espíritus de la muerte que ayudan a los humanos en la tierra. Más recientemente, la serie exitosa de NBC, *Revelations* (Revelaciones), incorporó en su trama el interés por el fin del mundo (o Armagedón) y el contacto con espíritus más allá de la muerte resultando en un extraño bufé de doctrinas cristianas y espiritistas.

¿Por qué está sucediendo todo esto? Si usted recuerda, no mucho después de la muerte de Katie, una dama misteriosa telefoneó a los padres para decirles que había tenido contacto directo con la niña después de la sepultura. Sin embargo, mientras la Biblia afirma que la comunicación con los muertos no es posible, millones de personas y hasta cristianos están comenzando a opinar diferente.

¿Qué es exactamente lo que está ocurriendo?

22

Una Era
de Confusión

EN CASO que no haya oido, apariciones de la Virgen María van en aumento cada año a través del mundo. Desde la primera aparición sobrenatural registrada por un abogado del siglo III, miles de apariciones se han registrado. Además, cientos de visiones se han relatado tan sólo en el siglo XX —aunque solamente unas cuantas han recibido la "aprobación oficial" de la iglesia Católica.

El 30 de diciembre de 1991, la revista Time reportó que "el siglo XX se ha convertido en la edad de la peregrinación Mariana" a los muchos santuarios establecidos para conmemorar las muchas apariciones de la Virgen María en los años recientes. Tal vez los dos santuarios más famosos están en Lourdes, Francia, y en Fátima, Portugal. Pero, "existen miles de santuarios de Nuestra Señora en cada país del mundo" (*Shrines to Our Lady* [Templos a Nuestra Señora], pág. V).

Los santuarios son normalmente construidos donde la aparición ha ocurrido. En el siglo XX, las apariciones y los santuarios construidos se encuentran predominantemente en Portugal, Irlanda, Rwanda, Venezuela, Italia, Yugoslavia, Corea, México, Japón y muchos otros países, atrayendo a millones de visitantes anualmente.

Podría sonar algo repetitivo, pero ¿qué está ocurriendo a la luz de las claras enseñanzas de la Biblia? ¿Está María, la madre de Jesús, realmente apareciéndose con mayor frecuencia alrededor del mundo? La Biblia dice muchas veces que Jesús vendrá otra vez, pero nunca hace tal promesa sobre María. ¿Podría estar un ángel detrás de éstas apariciones? ¿O es María? ¿O será la obra de algún otro poder?

La obra ministradora de los santos ángeles, tal cual está presentada en las Santas Escrituras, es una verdad de las más alentadoras y de las más preciosas para todo discípulo de Cristo. Pero la enseñanza de la Biblia acerca de este punto ha sido obscurecida y pervertida por los errores de la teología popular. La doctrina de la inmortalidad natural, tomada en un principio de la filosofía pagana e incorporada a la fe cristiana en los tiempos tenebrosos de la gran apostasía, ha suplantado la verdad tan claramente enseñada por la Santa Escritura, de que "los muertos nada saben." (Eclesiastés 9:5) Multitudes han llegado a creer que los espíritus de los muertos son los "espíritus ministradores, enviados para hacer servicio a favor de los que han de heredar la salvación." (Hebreos 1:14) Y esto a pesar del testimonio de las Santas Escrituras respecto a la existencia de los ángeles celestiales y a la relación que ellos tienen con la historia humana desde antes que hubiese muerto hombre alguno.

La doctrina de que el hombre queda consciente en la muerte, y más aún la creencia de que los espíritus de los muertos vuelven para servir a los vivos, preparó el camino para el espiritismo moderno. Si los muertos son admitidos a la presencia de Dios y de los santos ángeles y si son favorecidos con conocimientos que superan en mucho a los que poseían anteriormente, ¿por qué no habrían de volver a la tierra para iluminar e ilustrar a los vivos?

Si, como lo enseñan los teólogos populares, los espíritus de los muertos se ciernen en torno de sus amigos en la tierra, ¿por qué no les sería permitido comunicarse con ellos para prevenirlos del mal o para consolarlos en sus penas? ¿Cómo podrán los que creen en el estado consciente de los muertos rechazar lo que les viene cual luz divina comunicada por espíritus glorificados?

Representan un medio de comunicación considerado sagrado, del que Satanás se vale para cumplir sus propósitos. Los ángeles caídos que ejecutan sus órdenes se presentan como mensajeros del mundo de los espíritus. Al mismo tiempo que el príncipe del mal asevera poner a los vivos en comunicación con los muertos, ejerce también su influencia fascinadora sobre las mentes de aquéllos. Satanás puede evocar ante los hombres la apariencia de sus amigos fallecidos.

La imitación es perfecta; los rasgos familiares, las palabras y el tono son reproducidos con una exactitud maravillosa. Muchas personas se consuelan con la seguridad de que sus seres queridos están gozando de las delicias del cielo; y sin sospechar ningún peligro, dan oídos a "espíritus seductores, y a enseñanzas de demonios."

Después que Satanás ha hecho creer a esas personas que los muertos vuelven en realidad a comunicarse con ellas, hace aparecer a seres humanos que murieron sin preparación.

Estos aseguran que son felices en el cielo y hasta que ocupan allí elevados puestos, por lo que se difunde el error de que no se hace diferencia entre los justos y los injustos. Esos supuestos visitantes del mundo de los espíritus dan a veces avisos y advertencias que resultan exactos. Luego que se han ganado la confianza, presentan doctrinas que de hecho destruyen la fe en las Santas Escrituras. Aparentando profundo interés por el bienestar de sus amigos en la tierra, insinúan los errores más peligrosos. El hecho de que dicen algunas verdades y pueden a veces anunciar acontecimientos da a sus testimonios una apariencia de verosimilitud; y sus falsas enseñanzas son aceptadas por las multitudes con tanta diligencia y creídas tan a ciegas, como si se tratara de las verdades más sagradas de la Biblia. Se rechaza la ley de Dios, se desprecia al Espíritu de gracia y se considera la sangre de la alianza como cosa profana. Los espíritus niegan la divinidad de Cristo y hasta ponen al Creador en el mismo nivel que ellos mismos. Bajo este nuevo disfraz el gran rebelde continúa llevando adelante la guerra que empezó en el cielo y que se prosigue en la tierra desde hace unos seis mil años.

Muchos tratan de explicar las manifestaciones espiritistas atribuyéndolas por completo al fraude y a juego de manos de los médiums. Pero, si bien es cierto que muchas veces se han hecho pasar estafas por verdaderas manifestaciones, no deja de haber habido también manifestaciones de poder sobrenatural.

Los llamamientos misteriosos con que empezó el espiritismo moderno no fueron resultado de la estafa o de la astucia humana, sino obra directa de ángeles malos, que introdujeron así uno de los engaños más eficaces para la destrucción de las almas. Muchos hombres serán entrampados por la creencia de que el espiritismo es tan sólo una farsa humana; pero cuando sean puestos en presencia de manifestaciones cuyo carácter sobrenatural no pueda negarse, serán seducidos y obligados a aceptarlas como revelación del poder divino.

Estas personas no toman en cuenta el testimonio de las Santas Escrituras respecto a los milagros de Satanás y de sus agentes. No fue sino mediante la ayuda de Satanás que los magos de Faraón pudieron imitar la acción de Dios. San Pablo declara que antes de la segunda venida de Cristo habrá manifestaciones similares del poder satánico. La venida del Señor debe ser precedida de la "operación de Satanás, con todo poder, y con señales, y con maravillas mentirosas, y con todo el artificio de la injusticia." (2 Tesalonicenses 2:9, 10 V.M.)

El apóstol Juan, describiendo el poder milagroso que se ha de dar a conocer en los últimos días, declara: "Obra grandes prodigios, de tal modo que hace descender fuego del cielo a la tierra, a la vista de los hombres. Y engaña a los que habitan sobre la tierra, por medio de las señales que se le ha dado poder de hacer." (Apocalipsis 13:13, 14, V.M.) Lo que se predice aquí no es una simple farsa. Los hombres serán engañados por los milagros que los agentes de Satanás no sólo pretenderán hacer, sino que de hecho tendrán poder para realizar.

El príncipe de las tinieblas, que por tanto tiempo ha estado empleando los poderes de su inteligencia superior en la obra de engaño, adapta hábilmente sus tentaciones a los hombres de todas las clases y condiciones. A las personas cultas y refinadas les presenta el espiritismo bajo sus aspectos más sutiles e intelectuales, y así consigue atraer a muchos a sus redes. La sabiduría que comunica el espiritismo es la que describe el apóstol Santiago, la cual "no es la que desciende de lo alto, sino terrena, animal, diabólica." (Santiago 3:15) Y esto es, precisamente, lo que encubre el gran seductor cuando el sigilo es lo que más conviene a sus fines.

El que, vestido con el brillo de celestiales serafines, pudo aparecer ante Cristo para tentarle en el desierto, suele presentarse también a los hombres del modo más atractivo, cual si fuere ángel de luz. Apela a la razón por la presentación de temas elevados; deleita los sentidos con escenas que cautivan y conquistan los afectos por medio de imágenes elocuentes de amor y caridad.

Excita la imaginación en sublimes arrebatos e induce a los hombres a enorgullecerse tanto de su propia sabiduría, que en el fondo de su corazón desprecian al Dios eterno. Ese ser poderoso que pudo transportar al Redentor del mundo a un altísimo monte y poner ante su vista todos los reinos y la gloria de la tierra, presentará sus tentaciones a los hombres y pervertirá los sentidos de todos los que no estén protegidos por el poder divino.

Pensamiento Final

Así como Dios tiene su plan maestro para usted y este mundo, Satanás tiene el suyo. Satanás usa toda cosa a su alcance, desde trampas hasta sobornos, para conseguir que usted y otros acepten sus caminos y rechacen a Dios. En pocas palabras: Él quiere que usted se vaya a la ruina.

Por eso que es tan importante darnos cuenta que somos parte de una peligrosa batalla entre el bien y el mal. Es un conflicto que ha absorto a este planeta desde su creación, y es eternamente importante que pueda distinguir entre el bien y el mal.

A Satanás no le importa cómo nos engañe. Él usará para su ventaja nuestros sentidos ya inclinados al pecado —tacto, oido, vista, gusto, y hasta el olfato— con el fin de nuestra ruina. Él recurrirá a manipular maliciosamente sus sentimientos por sus seres queridos con "mentirillas" atractivas para convencerle a rechazar la verdad de Dios.

Es por eso, que en el comienzo escribí sobre razonar juntos . . . sobre valernos de algo más que nuestros sentimientos para determinar qué es la verdad. Satanás quiere usar sus sentimientos contra usted. No se lo permita . . . ponga su confianza, lógica y sentimientos únicamente en la Palabra de Dios.

23

¿A Quién o a Qué Están los Médium Contactando?

EMMANUEL SWEDENBORG era un científico erudito altamente respetado y bien conocido a lo largo de Europa. Entre otros logros, Swedenborg diseñó un aparato volador, un submarino, y una arma de fuego de tiro rápido; escribió un libro de poesía en latín, y publicó libros sobre álgebra.

Sin embargo, empezando a la edad de 50, Swedenborg declaró estar teniendo experiencias místicas. Swedenborg no sólo creía estar en comunicación constante con los muertos, sino también haber tenido una gira por el cielo y el infierno.

Swedenborg sintió que era su deber revelar a aquellos en la tierra la existencia futura que les esperaba y las leyes espirituales que prevalecen en este mundo y el venidero. Sus descripciones del más allá estaban basadas en visitas que tuvo con varios espíritus y "voces" que oía internamente.

Sin duda Emmanuel Swedenborg no fue el primer líder respetado y de éxito en la sociedad que consultara con espíritus malos. Ciertamente, las comunicaciones con el mundo de los espíritus se remontan a tiempos bíblicos. Una de las historias más tristes de la Biblia y para algunos más difícil de entender es la historia del del rey Saúl y la bruja de Endor.

El relato que hace la Escritura de la visita de Saúl a la mujer de Endor, ha ocasionado perplejidad a muchos estudiantes de la Biblia. Algunos sostienen que Samuel estuvo realmente presente en la entrevista con Saúl, pero la Biblia misma suministra bases suficientes para llegar a una conclusión contraria. Si, como algunos alegan, Samuel hubiera estado en el cielo, habría sido necesario hacerle bajar de allí, ya sea por el poder de Dios o por el poder de Satanás. Nadie puede creer que Satanás tenía poder para hacer bajar del cielo al santo profeta de Dios para honrar las hechicerías de una mujer impía. Tampoco podemos concluir que Dios le mandó a la cueva de la bruja; pues el Señor ya se había negado a comunicarse con Saúl por medio de sueños, del Urim [luz del pectoral], o, por medio de los profetas. (1 Sam. 28:6) Estos eran los medios designados por Dios para comunicarse con su pueblo, y no los iba a pasar por alto para dar un mensaje por medio de un agente de Satanás.

El Mensaje Revela Su Origen

El mensaje mismo da suficiente evidencia de su origen. Su objeto no era inducir a Saúl al arrepentimiento, sino más bien incitarle a destruirse; y tal no es la obra de Dios, sino la de Satanás. Además, el acto de Saúl al consultar a una hechicera se cita en la Escritura como una de las razones por las cuales fue rechazado por Dios y entregado a la destrucción: "Así murió Saúl por su rebelión con que prevaricó contra Jehová, contra la palabra de Jehová, la cual no guardó; y porque consultó al pythón, preguntándole, y no consultó a Jehová: por esta causa lo mató, y traspasó el reino a David, hijo de Isaí." (1 Crón. 10:13, 14) Este pasaje dice claramente que Saúl interrogó al "pythón" o espíritu malo, y no al Espíritu del Señor. No se comunicó con Samuel, el profeta de Dios; sino que por medio de la hechicera se comunicó con Satanás. Este no podía presentar al verdadero Samuel, pero sí presentó uno falso, que le sirvió para llevar a cabo sus propósitos de engaño.

Casi todas las formas de la hechicería y brujería antiguas se fundaban en la creencia de que es posible comunicarse con los muertos. Los que practicaban las artes de la necromancia aseveraban tener relaciones con los espíritus de los difuntos, y obtener de ellos un conocimiento de los acontecimientos futuros. A esta costumbre de consultar a los muertos se alude en la profecía de Isaías: "Y si os dijeron: Preguntad a los pythones y a los adivinos, que susurran hablando, responded: ¿No consultará el pueblo a su Dios? ¿Apelará por los vivos a los muertos?" (Isa. 8:19)

La Piedra Angular de la Idolatría

Esta misma creencia en la posibilidad de comunicarse con los muertos era la piedra angular de la idolatría pagana. Se creía que los dioses de los paganos eran los espíritus deificados de héroes desaparecidos. La religión de los paganos era así un culto a los muertos. Las Escrituras lo evidencian. Al relatar el pecado de Israel en Beth-peor nos dice: "Y reposó Israel en Sittim, y el pueblo empezó a fornicar con las hijas de Moab: las cuales llamaron al pueblo a los sacrificios de sus dioses: y el pueblo comió, e inclinóse a sus dioses. Y llegóse el pueblo a Baal-peor." (Núm. 25:1-3) El salmista nos dice a qué clase de dioses eran ofrecidos esos sacrificios. Hablando de la misma apostasía de los israelitas, dice: "Allegáronse asimismo a Baal-peor, y comieron los sacrificios de los muertos" (Salmo 106:28), es decir, sacrificios que habían sido ofrecidos a los difuntos.

La deificación de los muertos ocupaba un lugar preeminente en casi todo sistema pagano, como también lo ocupaba la supuesta comunión con los muertos. Se creía que los dioses comunicaban su voluntad a los hombres, y que, cuando los consultaban, les daban consejos. De esta índole eran los famosos oráculos de Grecia y de Roma.

La creencia en la comunión con los muertos prevalece aún hoy día hasta entre los pueblos que profesan ser cristianos. Bajo el nombre de espiritismo, la práctica de comunicarse con seres que dicen ser los espíritus de los desaparecidos se ha generalizado mucho. Tiende a conquistar la simpatía de quienes perdieron seres queridos. A veces se presentan a ciertas personas seres espirituales en la forma de sus amigos difuntos, y les describen incidentes relacionados con la vida de ellos, o realizan actos que ejecutaban mientras vivían. En esta forma inducen a los hombres a creer que sus amigos difuntos son ángeles, que se ciernen sobre ellos y se comunican con ellos. Los seres que son así considerados como espíritus de los desaparecidos, son mirados con cierta idolatría, y para muchos la palabra de ellos tiene más peso que la palabra de Dios.

Una Trampa para el Pueblo de Israel

Al predecir la perdición de Saúl por medio de la pitonisa de Endor, Satanás quería entrampar al pueblo de Israel. Esperaba que dicho pueblo llegaría a tener confianza en la pitonisa, y se vería inducido a consultarla. Así se apartaría de Dios como su consejero, y se colocaría bajo la dirección de Satanás.

La seducción por medio de la cual el espiritismo atrae a las multitudes es su supuesto poder de descorrer el velo del futuro y revelar a los hombres lo que Dios ocultó. Dios nos reveló en su Palabra los grandes acontecimientos del porvenir, todo lo que es esencial que sepamos, y nos ha dado una guía segura para nuestros pies en medio de los peligros; pero Satanás quiere destruir la confianza y la fe de los hombres en Dios, dejarlos descontentos de su condición en la vida, e inducirles a procurar el conocimiento de lo que Dios sabiamente les vedó y a menospreciar lo que les reveló en su santa Palabra.

Muchos se agitan cuando no pueden saber qué resultará en definitiva de los asuntos. No pueden soportar la incertidumbre, y en su impaciencia rehúsan esperar para ver la salvación de Dios. Los males que presienten casi los enloquecen. Ceden a sus sentimientos de rebelión, y corren de aquí para allá en dolor apasionado, procurando entender lo que no se ha revelado.

La Fuente Divina de Consuelo

Si tan sólo confiaran en Dios y velaran en oración, hallarían consuelo divino. Su espíritu sería calmado por la comunión con Dios. Los cansados y trabajados hallarían descanso para sus almas, con sólo ir a Jesús; pero cuando descuidan los medios que Dios dispuso para su consuelo, y recurren a otras fuentes, con la esperanza de averiguar lo que Dios vedó, cometen el error de Saúl, y con ello sólo adquieren un conocimiento del mal.

A Dios no le agrada esta conducta, y lo ha declarado en los términos más explícitos. Esta premura impaciente por rasgar el velo del futuro revela una falta de fe en Dios, y deja el alma expuesta a las sugestiones del maestro de los engañadores.

Satanás induce a los hombres a que consulten a los que poseen espíritus adivinadores; y mediante la revelación de cosas pasadas ocultas, les inspira confianza en su poder de predecir lo porvenir. En virtud de la experiencia que obtuvo a través de largos siglos, puede razonar de la causa al efecto, y a menudo predecir con cierta exactitud algunos de los acontecimientos futuros de la vida del hombre. Así puede engañar a ciertas pobres almas mal encaminadas, ponerlas bajo su poder y llevarlas cautivas a voluntad.

Dios nos ha advertido por su profeta: "Si os dijeron: Preguntad a los pythones y a los adivinos, que susurran hablando, responded: ¿No consultará el pueblo a su Dios? ¿Apelará por los vivos a los muertos? ¡A la ley y al testimonio! Si no dijeren conforme a esto, es porque no les ha amanecido." (Isa. 8:19, 20)

¿Deberían los Cristianos Consultar al Diablo?

¿Irán los que tienen un Dios santo, infinito en sabiduría y poder, a buscar ayuda en los adivinos cuya sabiduría procede de la intimidad con el enemigo de nuestro Señor? Dios mismo es la luz de su pueblo; le ordena que fije por la fe los ojos en las glorias que están veladas para el ojo humano. El Sol de justicia derrama sus brillantes rayos en los corazones de sus hijos; ellos tienen la luz que emana del trono celestial, y no tienen ningún deseo de apartarse de la fuente de la luz para acercarse a los mensajeros de Satanás.

El mensaje del demonio para Saúl, a pesar de que denunciaba el pecado y predecía su retribución, no tenía por objeto reformarlo, sino incitarle a la desesperación y a la ruina. Sin embargo, con más frecuencia conviene mejor a los propósitos del tentador seducir al hombre y llevarlo a la destrucción por medio de la alabanza y la lisonja.

En tiempos antiguos, la enseñanza de los dioses falsos o demonios fomentaba el libertinaje más vil. Los preceptos divinos que condenan el pecado e imponen la justicia y la rectitud, eran puestos de lado; la verdad era considerada livianamente, y no sólo era permitida la impureza, sino también ordenada.

El espiritismo declara que no hay muerte, ni pecado, ni juicio ni castigo; que los hombres son "semidioses no caídos;" que el deseo es la ley más elevada; que el hombre responde sólo ante sí mismo por sus actos. Las barreras que Dios erigió para salvaguardar la verdad, la pureza y la reverencia, son quebrantadas, y así muchos se envalentonan en el pecado. ¿No sugiere todo esto que una enseñanza tal tiene el mismo origen que el culto de los demonios?

Los Frutos de la Adoración a Demonios

En las abominaciones de los cananeos, el Señor presentó a Israel los resultados que tiene la comunión con los espíritus malos; eran sin afectos naturales, idólatras, adúlteros, asesinos y abominables por todos sus pensamientos corrompidos y prácticas degradantes. Los hombres no conocen su propio corazón; pues "engañoso es el corazón más que todas las cosas, y perverso." (Jer. 17:9)

Pero Dios sabe cuáles son las tendencias de la naturaleza depravada del hombre. Entonces como ahora, Satanás vigilaba para producir condiciones favorables a la rebelión, a fin de que el pueblo de Israel se hiciera tan aborrecible para Dios como lo eran los cananeos.

El adversario de las almas está siempre en alerta para abrir canales por los cuales pueda fluir sin impedimento alguno lo malo que hay en nosotros, pues desea vernos arruinados y condenados ante Dios.

Satanás estaba resuelto a seguir dominando la tierra de Canaán, y cuando ella fue hecha morada de los hijos de Israel, y la ley de Dios fue hecha la norma de esa tierra, aborreció a Israel con un odio cruel y maligno, y tramó su destrucción. Por medio de los espíritus malignos, se introdujeron dioses extraños; y a causa de la transgresión, el pueblo escogido fue finalmente echado de la tierra prometida y dispersado.

Hoy procura Satanás repetir esta historia. Dios está apartando a sus hijos de las abominaciones del mundo, para que puedan guardar su ley; y a causa de esto, la ira del "acusador de nuestros hermanos" no tiene límite. "Porque el diablo ha descendido a vosotros, teniendo grande ira, sabiendo que tiene poco tiempo." (Apoc. 12:10, 12) La verdadera tierra de promisión está delante de nosotros, y Satanás está resuelto a destruir al pueblo de Dios, y privarlo de su herencia. Nunca fue más necesario que hoy oír la advertencia: "Velad y orad, para que no entréis en tentación." (Mar. 14:38)

Las palabras que el Señor dirigió al antiguo Israel se dirigen también a su pueblo en esta época: "No os volváis a los encantadores y a los adivinos: no los consultéis ensuciándoos en ellos," "porque es abominación a Jehová cualquiera que hace estas cosas." (Lev. 19:31, Deut. 18:12)

Pensamiento Final

El diablo conoce nuestras debilidades. Después de todo, él tiene más de 6.000 años de experiencia estudiando lo que nos hace tropezar. Él sabe cuanto extrañamos a los seres queridos que han fallecido. Él conoze cuán dispuestos estamos a oír buenas noticias sobre ellos y tiene la habilidad de personificar a sus seres queridos para engañarle y eventualmente abandone a Dios.

Dios por otra parte usará la razón en su senzilleza, la verdad y el amor para ganar su confianza. Mientras que Satanás está obrando para afectar sus emociones, haciendo que usted tenga confianza en sí mismo y los deseos de su imaginación, Dios desea su intelecto y su corazón.

Veámoslo como queramos, el orgullo y el egoísmo finalmente nos arruinarán. Eso es en lo que el diablo está apostando. Confíe en Dios, crea lo que Él dice y el diablo perderá la apuesta que ha hecho por usted.

24

Satanás
Contra Dios

EN 1967, Nancy Reagan silenciosamente pero con orgullo se mantuvo de pie al lado de su esposo Ronald mientras lo invistieron como gobernador de California —nueve minutos después de la hora inicialmente programada para la inauguración. ¿La razón por la demora apenas perceptible? Según el mapa astrológico de Ronald Reagan, las 12:10 a.m. era la hora de mayor auspicio para asegurar una buena y exitosa gobernación.

Es un hecho conocido por muchos que los Reagan se guiaban por los principios derivados de una rara mezcla entre lo sobrenatural y el protestantismo cristiano a lo largo de su carrera política. ¿Afectó este interés en lo paranormal nuestro mundo cotidiano?

El 30 de agosto de 1974, como gobernador de California, Reagan firmó la legislación que permitió a astrólogos ejercer legalmente su profesión y beneficiarse economicamente —lo que consequentemente eliminó la percepción negativa del "adivino." Pero incluso más que eso, según un jefe del estado mayor de La Casa Blanca, "virtualmente cada movimiento y decisión importante que los Reagan hicieron de 1985 a 1987 era anunciada por adelantado por una mujer en San Francisco quien preparó horóscopos para asegurarse de que los planetas estaban en una alineación favorable para la iniciativa." (Donald Regan, *For the Record*, 1988)

Lo más increíble no es que un actor o aun un líder político consultara las estrellas para determinar su política, (Nixon y otros hombres de fama y poder también experimentaron con el espiritismo), sino más bien el ferviente apoyo de los cristianos a la presidencia de Reagan aun después de que su adherencia a la astrología saliese a la luz. Históricamente, votantes cristianos (especialmente de derechas) habían evitado lo que la Biblia muy claramente condena: la adivinación, la comunicación con los muertos, decir la buenaventura, etc. No obstante, como ya demuestra la reacción del público a Reagan y la aceptación abierta del espiritismo en Norteamérica, esto está cambiando dramáticamente.

Satanás seduce hoy día a los hombres como sedujo a Eva en el Edén, lisonjeándolos, alentando en ellos el deseo de conocimientos prohibidos y despertando en ellos la ambición de exaltarse a sí mismos. Fue alimentando esos males cómo cayó él mismo, y por ellos trata de acarrear la ruina de los hombres.

"Y seréis como Dios—dijo él,—conocedores del bien y del mal." (Génesis 3:5 V.M.) El espiritismo enseña "que el hombre es un ser susceptible de adelanto; que su destino consiste en progresar desde su nacimiento, aun hasta la eternidad, hacia la divinidad." Y además que "cada inteligencia se juzgará a sí misma y no será juzgada por otra." "El juicio será justo, porque será el juicio que uno haga de sí mismo. . . . El tribunal está interiormente en vosotros." Un maestro espiritista dijo cuando "la conciencia espiritual" se despertó en él: "Todos mis semejantes eran semidioses no caídos." Y otro dice: "Todo ser justo y perfecto es Cristo."

Así, en lugar de la justicia y perfección del Dios infinito que es el verdadero objeto de la adoración; en lugar de la justicia perfecta de la ley, que es el verdadero modelo de la perfección humana, Satanás ha colocado la naturaleza pecadora del hombre sujeto al error, como único objeto de adoración, única regla del juicio o modelo del carácter. Eso no es progreso, sino retroceso.

Hay una ley de la naturaleza intelectual y espiritual según la cual modificamos nuestro ser mediante la contemplación. La inteligencia se adapta gradualmente a los asuntos en que se ocupa. Se asimila lo que se acostumbra a amar y a reverenciar. Jamás se elevará el hombre a mayor altura que a la de su ideal de pureza, de bondad o de verdad. Si se considera a sí mismo como el ideal más sublime, jamás llegará a cosa más exaltada. Caerá más bien en bajezas siempre mayores. Sólo la gracia de Dios puede elevar al hombre. Si depende de sus propios recursos, su conducta empeorará inevitablemente.

A los indulgentes consigo mismos, a los amigos del placer, a los sensuales, el espiritismo se presenta bajo un disfraz menos sutil que cuando se presenta a gente más refinada e intelectual. En sus formas groseras, aquéllos encuentran lo que está en armonía con sus inclinaciones.

Satanás estudia todos los indicios de la fragilidad humana, nota los pecados que cada hombre está inclinado a cometer, y cuida luego de que no falten ocasiones para que las tendencias hacia el mal sean satisfechas.

Tienta a los hombres para que se excedan en cosas que son legítimas en sí mismas, a fin de que la intemperancia debilite sus fuerzas físicas y sus energías mentales y morales. Ha hecho morir y está haciendo morir miles de personas por la satisfacción de las pasiones, embruteciendo así la naturaleza humana.

Y para completar su obra, declara por intermedio de los espíritus, que "el verdadero conocimiento coloca a los hombres por encima de toda ley;" que "cualquier cosa que sea, es buena;" que "Dios no condena;" y que "todos los pecados que se cometen se cometen sin envolver culpabilidad alguna."

Cuando la gente es inducida así a creer que el deseo es ley suprema, que la libertad es licencia y que el hombre no es responsable más que ante sí mismo, ¿quién puede admirarse de que la corrupción y la depravación abunden por todas partes? Las multitudes aceptan con avidez las enseñanzas que les dan libertad para obedecer los impulsos carnales. Se da rienda suelta a la lujuria y el hombre pierde el imperio sobre sí mismo; las facultades del espíritu y del alma son sometidas a los más bestiales apetitos, y Satanás prende alegremente en sus redes a millares de personas que profesan ser discípulos de Cristo.

Qué Enseña La Biblia

Pero nadie tiene por qué dejarse alucinar por los asertos engañosos del espiritismo. Dios ha dado a los hombres luz suficiente para que puedan descubrir la trampa. Como ya lo hemos visto, la teoría que constituye el fundamento mismo del espiritismo está en plena contradicción con las declaraciones más terminantes de las Santas Escrituras. La Biblia declara que los muertos no saben nada, que sus pensamientos han dejado de existir; no tienen parte en nada de lo que se hace bajo el sol; no saben nada de las dichas ni de las penas de los que les eran más caros en la tierra.

Además, Dios ha prohibido expresamente toda supuesta comunicación con los espíritus de los muertos. En tiempo de los hebreos había una clase de personas que pretendía, como los espiritistas de nuestros días, sostener comunicaciones con los muertos. Pero la Biblia declara que los "espíritus," como se solía llamar a los visitantes de otros mundos, son "espíritus de demonios." (Compárese Números 25:1-3; Salmo 106:28; 1 Corintios 10:20;

Apocalipsis 16:14.) La costumbre de tratar con espíritus o adivinos fue declarada abominación para el Señor y era solemnemente prohibida a pena de muerte. (Levítico 19:31; 20:27.) Aun el nombre de la hechicería es objeto de desprecio en la actualidad. La afirmación de que los hombres pueden tener comunicación con malos espíritus es considerado como una fábula de la Edad Media. Pero el espiritismo, que cuenta con centenares de miles y hasta con millones de adherentes, que se ha abierto camino entre las sociedades científicas, que ha invadido iglesias y que ha sido acogido con favor entre los cuerpos legislativos y hasta en las cortes de los reyes—este engaño colosal no es más que la reaparición, bajo un nuevo disfraz, de la hechicería condenada y prohibida en la antigüedad.

Si no existiera otra evidencia tocante a la naturaleza real del espiritismo, debería bastar a todo cristiano el hecho de que los espíritus no hacen ninguna diferencia entre lo que es justo y lo que es pecado, entre el más noble y puro de los apóstoles de Cristo y los más degradados servidores de Satanás.

Al representar al hombre más vil como si estuviera altamente exaltado en el cielo, es como si Satanás declarara al mundo: "No importa cuán malos seáis; no importa que creáis o no en Dios y en la Biblia. Vivid como gustéis, que el cielo es vuestro hogar." Los maestros espiritistas declaran virtualmente: "Todo aquel que obra mal es bueno a los ojos de Jehová, y él se complace en los tales; o si no, ¿dónde está el Dios de juicio?" (Malaquías 2:17 V.M.) La Palabra de Dios dice: "¡Ay de los que llaman a lo malo bueno, y a lo bueno malo; que ponen tinieblas por luz, y luz por tinieblas!" (Isaías 5:20, V.M.)

Esos espíritus mentirosos representan a los apóstoles como contradiciendo lo que escribieron bajo la inspiración del Espíritu Santo durante su permanencia en la tierra. Niegan el origen divino de la Biblia, anulan así el fundamento de la esperanza cristiana y apagan la luz que revela el camino hacia el cielo. Satanás hace creer al mundo que la Biblia no es más que una ficción, o cuando mucho un libro apropiado para la infancia de la raza, del que se debe hacer poco caso ahora, o ponerlo a un lado por anticuado.

Y para reemplazar la Palabra de Dios ese mismo Satanás ofrece sus manifestaciones espiritistas. Estas están enteramente bajo su dirección y mediante ellas puede hacer creer al mundo lo que quiere. Pone en la obscuridad, precisamente donde le conviene que esté, el Libro que le debe juzgar a él y a sus siervos y hace aparecer al Salvador del mundo como un simple hombre.

Así como la guardia romana que vigilaba la tumba de Jesús difundió la mentira que los sacerdotes y los ancianos insinuaron para negar su resurrección, así también los que creen en las manifestaciones espiritistas tratan de hacer creer que no hay nada milagroso en las circunstancias que rodearon la vida de Jesús. Después de procurar así que la gente no vea a Jesús, le llaman la atención hacia sus propios milagros y los declaran muy superiores a las obras de Cristo.

La serie televisiva de NBC, *Revelations* (Revelaciones), es la esencia del espiritismo hecho a medida para complacer e influenciar a los cristianos. El argumento incluye una paciente en coma usada por el espíritu de una niña muerta para ayudar a su padre a combatir al diablo y prevenir el venidero Armagedón. Esta miniserie se convirtió en una de las emisiones más exitosas para la gigante cadena televisiva la cual anteriormente tuvo que luchar por mantenerse en el aire. Esta historia indica que el tema de fenómenos paranormales es una fuente de enorme interés a la familia media estadounidense.

Es cierto que el espiritismo está mudando actualmente sus formas, y echando un velo sobre algunos de sus rasgos más repulsivos, reviste un disfraz cristiano. Pero sus declaraciones hechas desde la tribuna y en la prensa han sido conocidas por el público desde hace muchos años, y revelan su carácter verdadero. Esas enseñanzas no pueden ser negadas ni encubiertas. Hasta en su forma actual, lejos de ser más tolerable, el espiritismo es en realidad más peligroso que anteriormente, debido a la mayor sutileza de su engaño.

Mientras años atrás atacaba a Cristo y la Biblia, declara ahora que acepta a ambos. Pero su interpretación de la Biblia está calculada para agradar al corazón irregenerado, al paso que anula el efecto de sus verdades solemnes y vitales. Los espiritistas hacen hincapié en el amor como si fuese atributo principal de Dios, pero lo rebajan hasta hacer de él un sentimentalismo enfermizo y hacen poca distinción entre el bien y el mal.

La justicia de Dios, su reprobación del pecado, las exigencias de su santa ley, todo eso lo pierden de vista. Enseñan al pueblo a que mire el Decálogo como si fuera letra muerta. Fábulas agradables y encantadoras cautivan los sentidos e inducen a los hombres a que rechacen la Biblia como fundamento de su fe. Se niega a Cristo tan descaradamente como antes; pero Satanás ha cegado tanto al pueblo que no discierne el engaño.

Pocas son las personas que tienen justo concepto del poder engañoso del espiritismo y del peligro que hay en caer bajo su influencia. Muchas personas juegan con él sin otro objeto que el de satisfacer su curiosidad. No tienen fe verdadera en él y se llenarían de horror al pensar en abandonarse al dominio de los espíritus. Pero se aventuran en terreno vedado y el poderoso destructor ejerce su ascendiente sobre ellos contra su voluntad. Pero una vez que los induce a abandonar sus inteligencias a su dirección, los mantiene cautivos. Es imposible que con su propia fuerza rompan el encanto hechicero y seductor. Sólo el poder de Dios otorgado en contestación a la fervorosa oración de fe, puede libertar a esas almas prisioneras.

Cayendo en el Engaño

Todos aquellos que conservan y cultivan rasgos pecaminosos de carácter, o que fomentan un pecado conocido, atraen las tentaciones de Satanás. Se separan de Dios y de la protección de sus ángeles, y cuando el maligno les tiende sus redes quedan indefensos y se convierten en fácil presa. Los que de tal suerte se abandonan al poder satánico no comprenden adónde los llevará su conducta. Pero, después de haberlos subyugado por completo, el tentador los empleará como agentes para empujar a otros a la ruina.

El profeta Isaías dice: "Y cuando os dijeren: Acudid a los espíritus y a los adivinos, que chirrían y mascullan; responded: ¿No debe un pueblo acudir más bien a su Dios? ¿por los vivos acaso se ha de acudir a los muertos? ¡A la ley y al testimonio! si no hablaren conforme a esta palabra, son aquellos para quienes no ha amanecido." (Isaías 8:19, 20 V.M.)

Si los hombres hubiesen querido recibir la verdad tan claramente expresada en las Santas Escrituras, referente a la naturaleza del hombre y al estado de los muertos, reconocerían en las declaraciones y manifestaciones del espiritismo la operación de Satanás con poder y con prodigios mentirosos.

Pero en vez de renunciar a la libertad tan cara al corazón pecaminoso y a sus pecados favoritos, la mayoría de los hombres cierra los ojos a la luz y sigue adelante sin cuidarse de las advertencias, mientras Satanás tiende sus lazos en torno de ellos y los hace presa suya.

"Por cuanto no admitieron el amor de la verdad, para que fuesen salvos, . . . Dios les envía la eficaz operación de error, a fin de que crean a la mentira." (2 Tesalonicenses 2:10, 11 V.M.)

Pensamiento Final

Jugar con fuego lo quemará finalmente. Puede que sea divertido y excitante tratar con cosas peligrosas, pero puede quedar con cicatrices que lo acompañarán toda una vida.

Usted debe poner su confianza en lo que Dios dice. Aquellos que han fallecido están descansando en sus sepulcros, esperando la resurrección. Si es confrontado por cualquier tipo de espíritu o fantasma de un ser querido no le siga la corriente. Renuncie a lo que sus ojos ven, identifíquelo como un truco del diablo y acuda a la protección de Dios.

No busque diversión o consejo visitando a los tales médiums que supuestamente hablan con nuestros seres queridos. Si estos demonios tienen poder para personificar a sus amados, ¿acaso no tienen también habilidad para convencerle a desistir en seguir a Dios?

No juegue con fuego; sólo saldrá quemado.

25

Tomando una
Posición

J.K. ROWLING declaró que la idea para la novela *Harry Potter* le vino repentinamente un día en 1990 mientras viajando en tren. "El personaje de Harry se paseó por mi cabeza . . . realmente sentí que él vino hacia mí y se introdujo en la imaginación de mi mente." (*Reuters,* 17 de julio del 2000)

¿Significa esto que todo lo que los lectores descubran en sus libros es simplemente fruto de una gran imaginación? Difícilmente.

Si Rowling no es una bruja practicante, debe haber estudiado profundamente los manuales más detallados sobre el aprendizaje de la brujería. Rowling está transfiriendo tanta información como es posible en su serie de libros. En realidad, *Harry Potter* es un libro de enseñanza en sí mismo ya que casi nada sobre la brujería ha sido omitido.

Según algunos amigos de la niñez de Rowling, una de sus actividades favoritas era disfrazarse de bruja. "Acostumbrábamos a disfrazarnos y jugar a brujas todo el tiempo. Mi hermano se vestía de mago. Joanne [Rowling] siempre estaba leyéndonos historias de hechicería . . . Hacíamos pociones secretas para ella. Siempre nos enviaba afuera para conseguir ramitas para las pociones." (Ian Potter y Vikki Potter, citados en *Harry Potter and the Source of Inspiration* (Harry Potter y la Fuente de Inspiración) por Danielle Demetriou, *Electronic Telégraph,* 1 de julio del 2000)

Sin embargo Rowling, por alguna razón, declara saber poco sobre hechicería y que no tener ningún interés real en ella. "Verdaderamente me sorprende que cualquiera que lea los libros piense que soy seriosa partidaria de las ciencias ocultas. No creo en modo alguno en la brujería en el sentido en el sentido al que se refieren. . . . No creo en la magia en la manera en que la describo en mis libros." (Success Stuns *Harry Potter* Author [El Éxito Asombra a la Autora de Harry Potter], *Associated Press,* 6 de julio del 2000)

Pero durante una entrevista en 1999, Rowling fue forzada a admitir que había estudiado mitología, hechicería, y las palabras exactas usadas en encantamientos para los propósitos de sus novelas. Durante esa entrevista telefónica, un declarado brujo ilusionadamente le preguntó a Rowling si era miembra de *Craft* (también conocida como *Wicca,* una organización de brujería). Cuando ella respondió que no, el brujo quedó sorprendido. Luego él contestó: "¡Bueno, ha investigado el tema bastante bien!" Seguidamente comentó que amaba los libros de Potter porque estaban llenos de las mismas fórmulas ocultas que él usaba regularmente.

A pesar de las declaraciones hechas por Rowling, tres hechos parecen ciertos:

1. La serie de *Harry Potter* enseña y glorifica la brujería
2. Su serie es una de las más populares en la historia, cautivando al mundo
3. Los libros de *Harry Potter* han captado la atención de los cristianos
4. Aquellos que condenan los libros son mofados como chiflados religiosos (como en el caso de los personajes en el libro que rechazan la la brujería)

Ya que ahora entiende la verdad sobre la vida después de la muerte y lo que sucede cuando morimos, ¿ve claramente los peligros de las ciencias ocultas y el espiritismo? Es obvio que la mayoría en Estados Unidos no lo ven y por alguna razón aquellos que denuncian el mal celebrado por Hollywood de manera activa son apodados como religiosos intolerantes.

Así que la pregunta es, ¿qué hará usted al considerar la evidencia? Si usted opta por rechazar el testimonio de la Biblia referente a este tema, ¿cuán fácilmente será engañado en otras áreas que pueden determinar su destino eterno?

Si basa su posición en la Palabra de Dios, Él lo guardará. Pero sepa también que si escoge este camino y combate contra el error la batalla ante usted no será fácil. Existe una razón por la cual la gente está tan confundida sobre el mundo de los espíritus y la vida después de la muerte.

La Batalla por la Verdad

Los que se oponen a las enseñanzas del espiritismo atacan no sólo a los hombres, sino también a Satanás y a sus ángeles. Han emprendido la lucha contra principados, potestades y malicias espirituales en los aires. Satanás no cederá una pulgada de terreno mientras no sea rechazado por el poder de mensajeros celestiales. El pueblo de Dios debe hacerle frente como lo hizo nuestro Salvador, con las palabras: "Escrito está." Satanás puede hoy citar las Santas Escrituras como en tiempo de Cristo, y volverá a pervertir las enseñanzas de ellas para sostener sus engaños. Los que quieran permanecer firmes en estos tiempos de peligro deben comprender por sí mismos el testimonio de las Escrituras. Muchos tendrán que vérselas con espíritus de demonios que personificarán a parientes o amigos queridos y que proclamarán las herejías más peligrosas. Estos espíritus apelarán a nuestros más tiernos sentimientos de simpatía y harán milagros con el fin de sostener sus asertos. Debemos estar listos para resistirles con la verdad bíblica de que los muertos no saben nada y de que los que aparecen como tales son espíritus de demonios.

La popular serie *Médium* está basada en la historia verídica de una mujer psíquica que ayudó a resolver casos de asesinatos y otros crímenes más allá del alcance de la policía. Sin embargo según la Biblia los muertos no saben nada, así que ¿con quién exactamente está comunicándose esta médium? ¿Puede considerar alguna razón por la cual un demonio podría ser muy útil en un área, mientras que tiene intenciones malévolas en otra?

Es inminente "la hora de la tentación que ha de venir en todo el mundo, para probar a los que moran en la tierra." (Apocalipsis 3:10) Todos aquellos cuya fe no esté firmemente cimentada en la Palabra de Dios serán engañados y vencidos.

La operación de Satanás es "con todo el artificio de la injusticia" a fin de alcanzar dominio sobre los hijos de los hombres; y sus engaños seguirán aumentando. Pero sólo puede lograr sus fines cuando los hombres ceden voluntariamente a sus tentaciones.

Los que busquen sinceramente el conocimiento de la verdad, y se esfuercen en purificar sus almas mediante la obediencia, haciendo así lo que pueden en preparación para el conflicto, encontrarán; seguro refugio en el Dios de verdad. "Por cuanto has guardado la palabra de mi paciencia, yo también te guardaré" (Ver. 10), es la promesa del Salvador. Él enviaría a todos los ángeles del cielo para proteger a su pueblo antes que permitir que una sola alma que confíe en él sea vencida por Satanás.

El profeta Isaías describe el terrible engaño que seducirá a los impíos y les hará creerse al amparo de los juicios de Dios "Hemos hecho pacto con la muerte, y con el infierno tenemos hecho convenio;

cuando pasaré el azote, cual torrente, no nos alcanzará; porque hemos puesto las mentiras por nuestro refugio, y entre los embustes nos hemos escondido." (Isaías 28:15 V.M.) En la categoría de personas así descritas se encuentran los que en su impenitencia y obstinación se consuelan con la seguridad de que no habrá castigo para el pecador, de que todos los miembros de la humanidad, por grande que sea su corrupción, serán elevados hasta el cielo para volverse como ángeles de Dios.

Pero hay otros quienes de modo mucho más aparente están haciendo un pactó con la muerte y un convenio con el infierno. Son los que renuncian a las verdades que Dios dio como defensa para los justos en el día de congoja, y aceptan el falso refugio ofrecido en su lugar por Satanás, o sea las declaraciones mentirosas del espiritismo. La ceguera de los hombres de esta generación es indeciblemente sorprendente. Miles de personas rechazan la Palabra de Dios como si no mereciese fe, mientras aceptan con absoluta confianza los engaños de Satanás.

Los incrédulos y escarnecedores denuncian el fanatismo, como lo llaman, de los que luchan por la fe de los profetas y de los apóstoles, y se divierten ridiculizando las solemnes declaraciones de las Santas Escrituras referentes a Cristo, al plan de salvación y a la retribución que espera a los que rechazan la verdad.

Fingen tener gran lástima por espíritus tan estrechos, débiles y supersticiosos, que observan los mandatos de Dios y satisfacen las exigencias de su ley. Hacen alarde de tanto descaro como si en realidad hubiesen hecho un pacto con la muerte y un convenio con el infierno como si hubiesen elevado una barrera insalvable e indestructible entre ellos y la venganza de Dios.

Nada puede despertar sus temores. Se han sometido tan completamente al tentador, están tan ligados a él y tan dominados por su espíritu, que no tienen ni fuerza ni deseos para escapar de su lazo.

Satanás ha estado preparándose desde hace tiempo para su último esfuerzo para engañar al mundo. El cimiento de su obra lo puso en la afirmación que hiciera a Eva en el Edén: "De seguro que no moriréis." "En el día que comiereis de él, vuestros ojos serán abiertos, y seréis como Dios, conocedores del bien y del mal." (Génesis 3:4, 5, V.M.) Poco a poco Satanás ha preparado el camino para su obra maestra de seducción: el desarrollo del espiritismo.

Hasta ahora no ha logrado realizar completamente sus designios; pero lo conseguirá en el poco tiempo que nos separa del fin. El profeta dice: "Y vi . . . tres espíritus inmundos, como ranas: . . . son espíritus de demonios, que obran prodigios; los cuales salen a los reyes de todo el mundo habitado, a juntarlos para la guerra del gran, día del Dios Todopoderoso." (Apocalipsis 16:13, 14 V.M.)

Todos menos los que estén protegidos por el poder de Dios y la fe en su Palabra, se verán envueltos en ese engaño. Los hombres se están dejando adormecer en una seguridad fatal y sólo, despertarán cuando la ira de Dios se derrame sobre la tierra.

Dios, el Señor, dice: "También pondré el juicio por cordel, y la justicia por plomada; y la granizada barrerá el refugio de mentiras, y las aguas arrebatarán vuestro escondrijo. Asimismo vuestro pacto con la muerte será anulado, y vuestro convenio con el infierno no quedará en pie cuando pasare el azote, cual torrente, vosotros seréis hollados de este invasor." (Isaías 28:17, 18 V.M.)

Pensamiento Final

Ha llegado al fin de un viaje increíble. Espero que haya leído este libro cuidadosamente y con oración. Si usted todavía tiene preguntas sobre la vida futura y el mundo de los espíritus, tome tiempo para volver a leer las partes donde usted está confundido y compárelas con las Escrituras.

Recuerde que debe considerar todos los textos relacionados con cualquier tema a lo largo de la Biblia. Durante un estudio temático no podemos llegar a la verdad con un sólo texto. Tiene que ver "un poco aquí y, un poco allá, línea por línea, y precepto por precepto" (Isaías 28:10). Cuando tenga toda la información que la Biblia proporciona, tome los principios generales. Considere en oración la evidencia y confíe que Dios le mostrará la verdad.

Satanás sabe que a él le queda poco tiempo. Él está haciendo todo lo posible para que las personas tropiecen, se alejen de Dios y confíen en cosas que los llevarán a la muerte eterna. Si Satanás puede conseguir que crea una mentira, seguirá encantándole con sus pócimas y finalmente perderá su alma.

En este momento, tiene la información para elevar una defensa efectiva contra las decepciones del enemigo. Toda la información que necesita para entender la verdad sobre el mundo de los espíritus y la vida futura está en sus manos

No se dañe a sí mismo. No permita que el orgullo sea un obstáculo para la verdad. Esta decepción maestra para el fin del tiempo convencerá a muchos a aceptar voluntariamente la muerte eterna. Usted no tiene que ser uno de ellos.

Finalmente, haga un importante favor a sus amigos, familiares y vecinos que nunca olvidarán —ni siquiera a través de las incesantes edades de la eternidad. Por favor, ayude a difundir este mensaje compartiendo este libro con otros. Cambie vidas . . . ¡no lo aplaze!